Die Thätigkeit des Gerichtsschreibers im Civilproceß und Konkursverfahren.

Uebersichtlich dargestellt

von

Dr. Iwan Heilbut,
Rechtsanwalt in Hamburg.

Berlin.
Verlag von J. Guttentag.
(D. Collin.)
1879.

Vorbemerkung.

Die neuen Proceßgesetze, welche mit dem 1. Oct. d. J. in Wirksamkeit treten, weisen dem Gerichtsschreiber innerhalb des Verfahrens eine so selbstständige Stellung an, daß die genaue Kenntniß seiner gesetzlichen Obliegenheiten für ihn zur dringendsten Pflicht wird. Dieser Forderung wird er nur dann genügen können, wenn er den ganzen Mechanismus des Verfahrens derartig übersieht, daß er die Bedeutung der einzelnen ihm obliegenden Handlungen im Zusammenhang mit dem gesammten Verfahren zu erkennen vermag: ihm hierzu eine Anleitung zu geben, ist die Absicht der vorliegenden Schrift. Dabei ist — abweichend von dem System des Gesetzbuches — das amtsgerichtliche Verfahren als Grundtypus deswegen in den Vordergrund gestellt worden, weil die Darstellung des Parteienprocesses, in welchem die Vermittlung des Gerichtsschreibers bei fast allen die Einleitung und Fortführung des Processes bezweckenden Handlungen von den Parteien in Anspruch genommen werden kann, die Möglichkeit gewährt, den gesammten Verlauf des Processes gerade mit Beziehung auf die Thätigkeit des Gerichtsschreibers darzustellen. In allen den Fällen, in welchen die Parteien selbst ihre Angelegenheiten bei den Amtsgerichten betreiben, wird die Kenntniß, welche der Gerichtsschreiber von den Formen und dem Gange des Verfahrens wie von der Bedeutung jeder einzelnen Proceßhandlung hat, wesentlich zur Aufklärung der Parteien im Verkehr derselben mit den Gerichten beitragen können; durch ihre geeignete Benutzung wird er häufig seine eigene Arbeitslast wie die des Gerichtes zu erleichtern und den Parteien unnütze Weitläufigkeiten und Proceßkosten zu ersparen vermögen.

Bei der Darstellung des Verfahrens sind nur diejenigen Theile desselben berücksichtigt worden, in welchen entweder die Thätigkeit des Gerichtsschreibers unmittelbar zur Geltung gelangt, oder welche doch erforderlich schienen, um den Zusammenhang einer voraufgegangenen Prozeßhandlung mit der nachfolgenden klar zu stellen. Mancherlei Einzelheiten, welche in einer allgemeinen systematischen Darstellung nicht fehlen dürften, glaubte der Verfasser im Interesse praktischer Uebersichtlichkeit um so eher übergehen zu sollen, als zu erwarten steht, daß iese sich im praktischen Gerichtsverkehr mit der Zeit von selbst ergeben werden: *hier* wurde nur eine *Uebersicht* über das neue Verfahren vom *Standpunkte des Gerichtsschreibers* beabsichtigt, deren Lücken an gesetzlichen Einzelbestimmungen bei der Benutzung der Schrift unschwer aus dem Gesetze selbst werden ergänzt werden können.

Hamburg, 1. September 1879.

Inhaltsverzeichniß.

Civilproceß.

Konkursverfahren.

Civilproceß.

Zuständigkeit.

I. Sachliche Zuständigkeit.

Den Amtsgerichten sind zugewiesen:

1. Die Streitigkeiten über vermögensrechtliche Ansprüche, deren Gegenstand den Werth von 300 Mark nicht übersteigt.[1]

Für die Werthberechnung ist der Zeitpunkt der Erhebung der Klage maßgebend. Früchte, Nutzungen, Zinsen, Schäden und Kosten bleiben unberücksichtigt, wenn sie als Nebenforderungen geltend gemacht werden. Mehrere in einer Klage geltend gemachte Ansprüche werden zusammengerechnet.[2]

2. Ohne Rücksicht auf den Werth des Streitgegenstandes:

a) Streitigkeiten zwischen Vermiethern und Miethern von Wohnungs- und anderen Räumen wegen Benutzung, Ueberlassung oder Räumung derselben, sowie wegen Zurückhaltung der vom Miether in die Miethsräume eingebrachten Sachen;

b) Streitigkeiten zwischen Dienstherrschaft und Gesinde, zwischen Arbeitgebern und Arbeitnehmern hin-

[1] GVG. §. 23. | [2] CPO. §. 45.

sichtlich des Dienst- und Arbeitsverhältnisses, sowie die im §. 108 der Gewerbe-Ordnung bezeichneten Streitigkeiten, insofern dieselben während der Dauer des Dienst-, Arbeits- oder Lohnverhältnisses entstehen;

c) Streitigkeiten zwischen Reisenden und Wirthen, Fuhrleuten, Schiffern, Flößern oder Auswanderungs-Expedienten in den Einschiffungshäfen, welche über Wirthszechen, Fuhrlohn, Ueberfahrtsgelder, Beförderung der Reisenden und ihrer Habe und über Verlust und Beschädigung der letzteren, sowie Streitigkeiten zwischen Reisenden und Handwerkern, welche aus Anlaß der Reise entstanden sind;

d) Streitigkeiten wegen Viehmängel;

e) Streitigkeiten wegen Wildschadens;

f) Ansprüche aus einem außerehelichen Beischlaf;

g) das Aufgebotsverfahren.

Außerdem aber sind die Amtsgerichte theils durch das Gerichtsverfassungsgesetz, theils durch die Civilproceßordnung in manchen anderen Fällen für sachlich zuständig erklärt worden, so für die Gewährung[1] der Rechtshülfe, für die Beweisaufnahme zum ewigen Gedächtnisse,[2] für den Sühneversuch vor der Klagerhebung, welchen die Parteien bei allen Rechtsstreitigkeiten der Klage vorausgehen lassen können,[3] und bei Ehesachen der Klage vorausgehen lassen müssen, ferner für das Entmündigungsverfahren, Mahnverfahren, für das Vertheilungsverfahren bei der Zwangsvollstreckung, für Arreste und einstweilige Verfügungen.[4] Insbesondere gehören die Zwangsvollstreckungen, insoweit sie überhaupt durch Vermittlung oder unter Mitwirkung

[1] GVG. 158.
[2] CPO. 448.
[3] CPO. 471.
[4] CPO. 594, 629, 759.

der Gerichte geschehen, so namentlich die Zwangsvollstreckungen in Forderungen und in Grundstücke, zur Zuständigkeit der Amtsgerichte.[1]

Alle übrigen bürgerlichen Rechtsstreitigkeiten gehören vor die Landgerichte.

Außer der Frage, ob eine Rechtsstreitigkeit nach der Beschaffenheit des Streitsobjects vor das Amtsgericht oder vor das Landgericht gehöre, entsteht in jedem einzelnen Falle die weitere Frage, ob die Verhandlung in dem einen oder dem anderen Gerichtsbezirke zu erfolgen habe: die Frage über die

II. Oertliche Zuständigkeit.

Hinsichtlich der örtlichen Zuständigkeit unterscheidet man zwei Arten von Gerichtsständen: allgemeine und besondere.

1. Allgemeine Gerichtsstände.

Seinen allgemeinen Gerichtsstand hat Jeder in demjenigen Gerichtsbezirke, in welchem er seinen Wohnsitz hat, d. h. den festen Sitz und Mittelpunkt seiner wirthschaftlichen Thätigkeit.[2] Als der Wohnsitz einer Militairperson gilt in Ansehung des Gerichtsstandes der Garnisonort.[3] Die Ehefrau theilt in Ansehung des Gerichtsstandes den Wohnsitz ihres Ehemannes, insofern nicht auf immerwährende Trennung von Tisch und Bett erkannt ist. Eheliche und adoptirte Kinder theilen in Ansehung des Gerichtsstandes den Wohnsitz des Vaters, uneheliche den Wohnsitz der Mutter.[4]

---

[1] CPO. 684. 729. 755.
[2] CPO. 13.
[3] CPO. 14.
[4] CPO. 17.

2. Besondere Gerichtsstände.

Von diesen sollen als die praktisch am meisten in Betracht kommenden hervorgehoben werden:

a. Der Gerichtsstand des dauernden Aufenthaltsortes. Personen, welche sich an einem Orte unter Verhältnissen aufhalten, die ihrer Natur nach auf einen längeren Aufenthalt hinweisen, haben in dem Gerichtsbezirke, in welchem dieser Aufenthaltsort liegt, einen Gerichtsstand für alle Klagen wegen vermögensrechtlicher Ansprüche. Dieses gilt insbesondere für Dienstboten, Hand- und Fabrikarbeiter, Gewerbegehülfen, Studirende, Schüler und Lehrlinge.[1]

b. Der Gerichtsstand der Niederlassung. Wer zum Betriebe einer Fabrik, einer Handlung oder eines anderen Gewerbes eine dauernde Niederlassung hat, kann in dem Gerichtsbezirke, in welchem sich dieselbe befindet, mit allen Klagen belangt werden, die sich auf den Geschäftsbetrieb derselben beziehen. Desgleichen kann, wer eine landwirthschaftliche Niederlassung hat, d. h. ein mit Wohn- und Wirthschaftsgebäuden versehenes Gut als Eigenthümer, Nutznießer oder Pächter bewirthschaftet, in dem Gerichtsbezirke, in welchem das Gut liegt, mit allen Klagen belangt werden, die sich auf diesen Wirthschaftsbetrieb beziehen.[2]

c. Der Gerichtsstand des Vermögens. Wer im deutschen Reiche keinen Wohnsitz hat, kann wegen vermögensrechtlicher Ansprüche in jedem deutschen Gerichtsbezirke verklagt werden, in welchem sich Vermögen von ihm oder der mit der Klage in Anspruch genommene Gegen-

---

[1] CPO. 20.

[2] CPO. 22.

stand befindet. Besteht das Vermögen in einer Forderung, so gilt als der Ort, wo sich solches befindet, der Wohnsitz des Schuldners und, wenn zur Sicherung der Forderung eine Sache haftbar ist, auch der Ort, wo sich die letztere befindet.[1]

d. Der Gerichtsstand der Erbschaft. Klagen, welche sich auf eine Erbschaft beziehen, d. h. Erbrechte, Ansprüche aus Vermächtnissen oder sonstige Verfügungen auf den Todesfall oder die Theilung der Erbschaft zum Gegenstande haben, können in dem Gerichtsbezirke erhoben werden, in welchem der Erblasser zur Zeit seines Todes seinen allgemeinen Gerichtsstand gehabt hat. In dem Gerichtsstande der Erbschaft können auch die Nachlaßgläubiger aus Ansprüchen an den Erblasser oder an die Erben klagen, so lange sich der Nachlaß noch ganz oder theilweise in dem Bezirke des Gerichtes befindet, resp. so lange beim Dasein mehrerer Erben der Nachlaß noch nicht getheilt ist.[2]

e. Der Gerichtsstand des Vertrages. Auf Feststellung des Bestehens oder Nichtbestehens eines Vertrages, auf Erfüllung oder Aufhebung eines solchen, sowie auf Entschädigung wegen Nichterfüllung oder nicht gehöriger Erfüllung, kann in demjenigen Gerichtsbezirke geklagt werden, in welchem die streitige Verpflichtung zu erfüllen ist.[3]

f. Der Gerichtsstand für Meß- und Marktsachen, d. h. für Handelsgeschäfte, welche auf Messen und Märkten geschlossen sind, jedoch mit Ausnahme der Jahr- und Wochenmärkte. Klagen aus solchen Geschäften können in dem Gerichtsbezirke erhoben werden, in welchem der

[1] CPO. 24.
[2] CPO. 28.
[3] CPO. 29.

Meß- oder Marktort liegt, wenn sich zur Zeit der Klageerhebung der Beklagte oder ein zu Proceßführung berechtigter Vertreter in diesem Bezirke befindet.[1]

g. Der Gerichtsstand der Vermögensverwaltung. Aus einer (aufgetragenen oder gesetzlich verordneten) Vermögensverwaltung kann der Geschäftsherr gegen den Verwalter, oder der Verwalter gegen den Geschäftsherrn in demjenigen Gerichtsbezirke klagen, in welchem die Verwaltung geführt worden ist.[2]

h. Der Gerichtsstand der unerlaubten Handlung. Aus einer unerlaubten Handlung, gleichviel, ob sie unter das Strafgesetzbuch fällt oder nicht, kann in demjenigen Gerichtsbezirke geklagt werden, in welchem die Handlung begangen ist.[3]

i. Der dingliche Gerichtsstand. Für Klagen, durch welche das Eigenthum, eine dingliche Belastung oder die Freiheit von einer solchen geltend gemacht wird, für Grenzscheidungs-, Theilungs- und Besitzklagen ist, sofern es sich um unbewegliche Sachen handelt, das Gericht ausschließlich zuständig, in dessen Bezirke die Sache belegen ist.

Es können ferner in dem dinglichen Gerichtsstande namentlich auch persönliche Klagen, welche gegen den Eigenthümer oder Besitzer einer Immobilie als solchen gerichtet sind, erhoben werden. Für diese aber — ebenso wie für einige andere in den §§. 26, 27 der CPO. namhaft gemachte Klagen — besteht der dingliche Gerichtsstand nicht als ausschließlicher, d. h. die Klage kann gegen den Eigen-

---

1 CPO. 30.
2 CPO. 31.
3 CPO. 32.

thümer oder Besitzer des Grundstückes nicht nur in dem Gerichtsbezirke anhängig gemacht werden, wo das letztere belegen ist, sondern auch da, wo er seinen allgemeinen Gerichtsstand hat.

Ebenso sind alle übrigen, oben angeführte besondere Gerichtsstände nicht ausschließliche. Der Kläger hat also in jedem einzelnen Falle die Wahl zwischen diesen und dem allgemeinen Gerichtsstande des zu Verklagenden.

Verfahren vor dem Amtsgericht.

Sühneversuch.

Wie aus den Bemerkungen über die sachliche Zuständigkeit der Gerichte hervorgeht, kann Jeder, der einen Rechtsstreit beginnen will, den zukünftigen Gegner zu einem Sühneversuch vor das Amtsgericht laden, und zwar auch dann, wenn für die eigentliche Verhandlung des Streitgegenstandes nicht das Amtsgericht, sondern das Landgericht competent sein würde. Zu diesem Zwecke hat sich die Partei zur Bewirkung der Ladung an den Gerichtsschreiber desjenigen Amtsgerichtes zu wenden, vor welchem der Gegner seinen allgemeinen Gerichtsstand hat.[1] Die Ladung muß die Angabe des Streitgegenstandes enthalten. Der Gerichtsschreiber hat die Ladung innerhalb 24 Stunden dem Richter zum Zwecke der Terminsbestimmung vorzulegen.[2] Nachdem die Bestimmung des Termins erfolgt ist, hat der Gerichtsschreiber — sofern nicht die Partei erklärt hat, daß sie selbst

---

[1] CPO. 471.

[2] CPO. 191.

einen Gerichtsvollzieher beauftragen wolle — die Ladung der Gegenpartei durch einen Gerichtsvollzieher oder durch die Post zustellen zu lassen. Wird durch die Post zugestellt, so hat der Gerichtsschreiber einen durch sein Dienstsiegel verschlossenen, mit der Adresse der Person, an welche zugestellt werden soll, und mit einer Geschäftsnummer versehenen Briefumschlag, in welchem die Ladung enthalten ist, der Post mit dem Ersuchen zu übergeben, die Zustellung einem Postboten des Bestimmungsorts zu übertragen. Daß die Uebergabe in der bezeichneten Art geschehen, ist von dem Gerichtsschreiber auf der Urschrift des zuzustellenden Schriftstückes oder auf einem mit demselben zu verbindenden Bogen zu bezeugen. Die Post ihrerseits überliefert die von dem Postboten über die Zustellung aufgenommene Urkunde dem Gerichtsschreiber, welcher sie wiederum der Partei übermittelt, von welcher er den Auftrag empfangen hat.[1] In dem Termin selbst hat der Gerichtsschreiber, wenn beide Parteien erscheinen und ein Vergleich geschlossen wird, ein Protokoll über denselben aufzunehmen; ebenso hat er die Protokollführung zu besorgen, wenn in dem Termin, was auf Antrag beider Parteien geschehen kann, der Rechtsstreit sofort verhandelt wird.[2]

Vorbereitende Parteianträge.

Findet die Sache in dem Termin zum Sühneversuch nicht ihre Erledigung, oder verzichten die Parteien von vorne herein auf diesen Weg, so müssen sie, sofern sie ihren Rechtsstreit zum Austrag bringen wollen, den ordent-

[1] CPO. 152. 154—159. | [2] CPO. 471.

lichen Rechtsweg beschreiten. Hier nun kann für die Parteien die Nothwendigkeit entstehen, gewisse, die Einleitung des Verfahrens vorbereitende Anträge zu stellen, welche der Gerichtsschreiber von ihnen entgegen zu nehmen hat. Dahin gehören namentlich:

1. Gesuche der Parteien um Gewährung des Armenrechtes. In dem Gesuch um Bewilligung des Armenrechtes, welches bei dem Gerichtsschreiber zu Protokoll zu erklären ist, muß das Streitverhältniß unter Angabe der Beweismittel dargelegt werden. Dem Gesuche ist ein von der obrigkeitlichen Behörde der Parteien ausgestelltes Zeugniß beizufügen, in welchem unter Angabe des Standes oder Gewerbes, der Vermögens- und Familienverhältnisse der Partei, sowie des Betrages der von dieser zu entrichtenden directen Staatssteuern das Unvermögen zur Bestreitung der Proceßkosten ausdrücklich bezeugt wird. Für Personen, welche unter Vormundschaft oder Kuratel stehen, kann das Zeugniß auch von der vormundschaftlichen Behörde ausgestellt werden.

2. Gesuche um Bestimmung des zuständigen Gerichts. Da es in einzelnen Fällen zweifelhaft sein kann, welches Gericht für eine anhängig zu machende Streitsache zuständig sei, so kann die Partei ein Gesuch auf Bestimmung des zuständigen Gerichts stellen. Die Entscheidung hierüber jedoch hat stets durch das im Instanzenwege zunächst höhere Gericht zu erfolgen, und wird daher das Gesuch auch stets bei dem Gerichtsschreiber des übergeordneten Gerichts einzureichen, in keinem Falle also von dem Gerichtsschreiber des Amtsgerichts entgegenzunehmen sein.

3. Gesuche auf Ablehnung des Richters oder des Gerichtsschreibers. Auch dieses ist bei dem Ge-

richtsschreiber zu Protokoll zu erklären, und zwar bei dem Gerichtsschreiber des Gerichtes, welchem der Richter resp. der Gerichtsschreiber angehört; wenn jedoch ein Amtsrichter abgelehnt werden soll, bei dem Gerichtsschreiber des Landgerichts. Der angegebene Ablehnungsgrund muß glaubhaft gemacht werden, zu welchem Behufe auf das Zeugniß des abgelehnten Richters resp. des Gerichtsschreibers Bezug genommen werden kann; der Eid ist ausgeschlossen.[1]

Der Richter sowohl wie der Gerichtsschreiber ist kraft des Gesetzes von der Ausübung seines Amtes ausgeschlossen:[2]

a) in Sachen, in welchen er selbst Partei ist, oder in Ansehung welcher er zu einer Partei in dem Verhältnisse eines Mitberechtigten, Mitverpflichteten oder Regreßpflichtigen steht;
b) in Sachen seiner Ehefrau, wenn auch die Ehe nicht mehr besteht;
c) in Sachen einer Partei, mit welcher er in gerader Linie verwandt, verschwägert oder durch Adoption verbunden, in der Seitenlinie bis zum dritten Grade verwandt, oder bis zum zweiten Grade verschwägert ist, auch wenn die Ehe, durch welche die Schwägerschaft begründet ist, nicht mehr besteht;
d) in Sachen, in welchen er als Proceßbevollmächtigter oder als Beistand einer Partei bestellt, oder als gesetzlicher Vertreter einer Partei aufzutreten berechtigt ist, oder gewesen ist;
e) in Sachen, in welchen er als Zeuge oder Sachverständiger vernommen wird.

---

[1] CPO. 44. 45.

[2] CPO. 41. 42.

Außerdem ist ein Ablehnungsgesuch gegen den Richter begründet:

f) in Sachen, in welchen er in früherer Instanz oder im schiedsrichterlichen Verfahren bei der Erlassung der angefochtenen Entscheidung mitgewirkt hat, sofern es sich nicht um die Thätigkeit eines beauftragten oder ersuchten Richters handelt, wie auch

g) wenn Besorgniß der Befangenheit oder ein Grund vorliegt, welcher geeignet ist, Mißtrauen gegen die Unparteilichkeit eines Richters einzuflößen.

4. Gesuche um vorgängige Beweisaufnahme. Es ist möglich, daß eine Partei vor Beginn des eigentlichen Processes ein Gesuch auf vorgängige Beweisaufnahme stellt, zur Sicherung des Beweises durch Einnahme des Augenscheins und Vernehmung von Zeugen und Sachverständigen.[1] Dieses Gesuch ist gleichfalls beim Gerichtsschreiber einzureichen, resp. zu Protokoll zu erklären und zwar, wenn die Sache noch nicht anhängig ist, stets beim Gerichtsschreiber des Amtsgerichtes als des für diese Beweisaufnahme zuständigen Gerichtes. Handelt es sich dagegen um eine bereits anhängige Sache, so muß das Gesuch bei dem Gericht der Hauptsache angebracht werden; nur in Fällen dringender Gefahr kann es alsdann bei dem Amtsgerichte angebracht werden, in dessen Bezirke die zu vernehmenden Personen sich aufhalten, oder der in Augenschein zu nehmende Gegenstand sich befindet.

Ein Gesuch um vorgängige Beweisaufnahme ist nur dann zulässig, wenn zu befürchten steht, daß das Beweismittel verloren gehen oder die Benutzung desselben erschwert

---

[1] CPO. 447.

werden könnte. Zu seiner Begründung muß dasselbe enthalten:

a) die Bezeichnung des Gegners;
b) die Bezeichnung der Thatsachen, über welche die Beweisaufnahme erfolgen soll;
c) die Bezeichnung der Beweismittel unter Benennung der zu vernehmenden Zeugen und Sachverständigen;
d) die Darlegung des Grundes, welcher die Besorgniß rechtfertigt, daß das Beweismittel verloren gehen oder die Benutzung desselben erschwert werden könne. Dieser Grund ist glaubhaft zu machen.[1]

Ist jedoch die Gegenpartei damit einverstanden, so ist das Gesuch auch dann zulässig, wenn die Gefahr eines Verlustes des Beweismittels auch gar nicht vorliegt.[2]

Anstellung der Klage; Zustellung; Vertagung von Terminen; Zurücknahme der Klage; Versäumnißurtheil.

Das Verfahren selbst nimmt seinen Anfang mit der Anstellung der ordentlichen Klage. Diese hat der Gerichtsschreiber entweder schriftlich oder zu Protokoll entgegenzunehmen und behufs Feststellung eines Termins innerhalb 24 Stunden dem Richter vorzulegen. Die Einlassungsfrist beträgt mindestens drei Tage, wenn die Zustellung im Bezirke des Proceßgerichts, mindestens eine Woche, wenn sie außerhalb desselben, jedoch im deutschen Reiche erfolgt; in Meß- und Marktsachen mindestens 24 Stunden. Wenn die Partei nicht selbst erklärt haben sollte, dies thun zu wollen, hat sodann der Gerichtsschreiber für die

---

1 CPO. 447—449.

2 CPO. 450.

Zustellung der Klage Sorge zu tragen.[1] Er hat daher in diesem Falle darauf zu achten, daß ihm der Kläger, außer der Urschrift der Klage, eine der Zahl der Personen, welchen zuzustellen ist, entsprechende Zahl von Abschriften überliefere. Die Zeit der Uebergabe ist auf der Urschrift und den Abschriften zu bemerken und der Partei auf Verlangen zu bescheinigen. Die Zustellung kann der Gerichtsschreiber dann bewirken, indem er die zuzustellenden Schriftstücke entweder einem Gerichtsvollzieher oder der Post zu diesem Zwecke übergiebt.[2] Das im letzteren Falle zu beobachtende Verfahren ist bereits dargestellt worden.

Läßt der Gerichtsschreiber durch die Post zustellen, so wird er noch darauf zu achten haben, daß die Zustellung an eine nicht proceßfähige Partei an deren gesetzlichen Vertreter gerichtet werde,[3] also z. B. an den Ehemann, wenn seine Ehefrau oder seine minderjährigen Kinder belangt werden sollen, an den bestellten Vormund, wenn die Klage gegen Geisteskranke, Minderjährige u. s. w. gerichtet ist. — Die Zustellung an einen Unterofficier oder Gemeinen des activen Heeres oder der activen Marine hat an den Chef der zunächst vorgesetzten Commandobehörde zu erfolgen. (Chef der Compagnie, Escadron, Batterie u. s. w.)[4]

Zustellungen außerhalb des deutschen Reiches geschehen stets durch Vermittelung des Proceßgerichts, welches die zuständige Behörde des fremden Staates oder den dort residirenden Consul oder Gesandten des deutschen Reiches um die Besorgung der Zustellung ersucht.[5]

Wenn der Aufenthalt der zu verklagenden Person un-

---

[1] CPO. 458.
[2] CPO. 152. 179.
[3] CPO. 157.
[4] CPO. 158.
[5] CPO. 182. 185.

bekannt ist, oder wenn die im Auslande zu bewirkende Zustellung im gewöhnlichen Wege unausführbar und voraussichtlich erfolglos sein würde, so kann eine öffentliche Zustellung, d. h. Zustellung durch eine öffentliche Bekanntmachung eintreten. Diese wird, nachdem sie von dem Gerichte bewilligt ist, durch den Gerichtsschreiber von Amtswegen besorgt. Die öffentliche Zustellung erfolgt durch Anheftung einer beglaubigten Abschrift der zuzustellenden Schriftstücke an der Gerichtstafel. Wenn das Schriftstück — wie in dem hier behandelten Falle der Klaganstellung — eine Ladung enthält, so ist außerdem die zweimalige Einrückung eines Auszuges des Schriftstückes in dasjenige Blatt, welches für den Sitz des Gerichtes zu öffentlichen Bekanntmachungen bestimmt ist, sowie die einmalige Einrückung des Auszuges in den Deutschen Reichsanzeiger erforderlich.[1]

Nach Anstellung der Klage und erfolgter Terminsbestimmung kann der Termin, in welchem die Verhandlung der Sache zu erfolgen hat, ebenso wie jeder spätere zur weiteren Verhandlung der Sache anberaumte Termin, auf Gesuch einer Partei verlegt werden, jedoch nur dann, wenn erhebliche Gründe dafür vorliegen und diese glaubhaft gemacht werden.[2]

Es kann ferner nach Anstellung der Klage — ebenso wie in jedem Abschnitte des Verfahrens — eine Aussetzung desselben bis auf Weiteres begründet erscheinen, so daß damit dasselbe einstweilen völlig ruht. So tritt im Falle des Todes einer Partei eine Unterbrechung des Verfahrens bis zu dessen Aufnahme durch die Rechtsnachfolger ein. Gleichfalls wird, wenn eine Partei die Proceßfähigkeit ver-

[1] CPO. 186—188.

[2] CPO. 205. 202.

liert, oder wenn der gesetzliche Vertreter einer Partei wegfällt, ohne daß die Partei proceßfähig geworden ist, das Verfahren so lange unterbrochen, bis ein neuer gesetzlicher Vertreter der Partei vorhanden ist. Einen gleichen Einfluß übt der bei einer der Parteien ausbrechende Konkurs auf den Gang des Processes. Auch gegen eine Partei, welche sich zu Kriegszeiten im Militairdienste befindet, kann billigerweise das Verfahren nicht fortgesetzt werden. In allen diesen Fällen kann das erforderliche Gesuch um Aussetzung des Verfahrens vor dem Gerichtsschreiber zu Protokoll erklärt werden.[1]

Eine definitive Beendigung des Verfahrens kann außer durch Vergleich oder Endurtheil auch durch die Zurücknahme der Klage abseiten des Klägers erfolgen; ohne Einwilligung der Gegenpartei ist dies jedoch nur bis zum Beginne der mündlichen Verhandlung des Beklagten zur Hauptsache möglich. Da die Zurücknahme der Klage — wenn sie nicht in der mündlichen Verhandlung erklärt wird — durch Zustellung eines Schriftsatzes erfolgen muß, so wird dieser beim Gerichtsschreiber einzureichen und von dem Letzteren, sofern nicht die Partei erklärt, für die Zustellung selbst Sorge tragen zu wollen, durch Vermittlung des Gerichtsvollziehers oder der Post in bekannter Weise zuzustellen sein.

Eine Abschrift des Schriftsatzes, welcher die Zurücknahme der Klage enthält, muß sofort nach erfolgter Zustellung auf der Gerichtsschreiberei niedergelegt werden.

Tritt aber keiner der gedachten Fälle ein, so findet die Verhandlung in dem festgesetzten Termine statt, und nun

[1] CPO. 217—219. 224. 225.

sind zwei Fälle möglich: entweder nämlich wird die Sache durch ein contradictorisches Endurtheil nach vollständiger Erörterung abseiten beider Parteien erledigt, oder ohne solche durch Versäumnißurtheil.

Das Versäumnißurtheil kann in jedem Verhandlungstermine — also nicht blos in dem ursprünglich zur ersten Verhandlung anberaumten Termine, sondern in allen Terminen, auf welche die mündliche Verhandlung vertagt ist, oder welche in irgend einem Theile des Verfahrens zur Fortsetzung desselben bestimmt sind — von jeder der beiden Parteien, dem Beklagten sowohl wie dem Kläger, gegen den nicht erschienenen Gegner beantragt werden, und das Gericht muß, wenn die Voraussetzungen der Versäumniß vorliegen, solchem Antrage stets entsprechen.[1]

Soll das Versäumnißurtheil rechtskräftig und damit vollstreckbar werden (soweit es sich nicht um eine mit oder ohne Antrag eintretende vorläufige Vollstreckbarkeit handelt), so muß dasselbe der Gegenpartei zugestellt werden, da der Eintritt der Rechtskraft und somit der definitiven Vollstreckbarkeit durch den Ablauf der Frist bedingt ist, welche der Gegenpartei für den Einspruch gegen das erlassene Versäumnißurtheil zusteht und diese Frist erst mit dem Tage der Zustellung des Versäumnißurtheils zu laufen beginnt.[2]

Da die Zustellung des Urtheils niemals von Gerichtswegen, sondern stets nur auf Betreiben der Partei erfolgt, so wird die Partei,[3] welche das Versäumnißurtheil erwirkt hat, auch für die Zustellung desselben an den Gegner zu sorgen haben. Es genügt zu diesem Zwecke, wenn sie eine

[1] CPO. 295—299.
[2] CPO. 304.
[3] CPO. 288.

Ausfertigung des Versäumnißurtheils bei dem Gerichtsschreiber bestellt, da in Gemäßheit des §. 154 der letztere verpflichtet ist, für die erforderliche Zustellung durch einen Gerichtsvollzieher oder die Post[1] Sorge zu tragen, falls nicht die Partei ausdrücklich erklärt hat, daß sie selbst einen Gerichtsvollzieher beauftragen wolle.

Der Einspruch.

Innerhalb zwei Wochen vom Tage der Zustellung an kann nun die durch das Versäumnißurtheil betroffene Partei den Einspruch gegen dasselbe erheben, und zwar ohne daß sie zur Begründung ihres Anspruches zu behaupten brauchte, daß ihr durch das ergangene Versäumnißurtheil ein materielles Unrecht geschehe.[2] Die Einlegung des Einspruchs erfolgt durch einen Schriftsatz; doch kann im amtsgerichtlichen Verfahren der Einspruch beim Gerichtsschreiber zu Protokoll erklärt werden.[3]

Der Schriftsatz oder die denselben vertretende Erklärung zu Protokoll muß enthalten:

1) die Bezeichnung des Urtheils, gegen welches der Einspruch gerichtet wird,
2) die Erklärung, daß gegen dieses Urtheil Einspruch eingelegt wird,
3) die Ladung des Gegners zur mündlichen Verhandlung der Sache.

Da also mit der Erhebung des Einspruchs stets eine Ladung der Gegenpartei verbunden ist, so wird der Gerichtsschreiber diese — in Gemäßheit des §. 193 Absatz 2 —

---

[1] CPO. 179.
[2] CPO. 303. 304.
[3] CPO. 305. 462.

zum Zwecke der Terminsbestimmung dem Richter vorzulegen haben. Nach Bestimmung des Termins hat er dann den Schriftsatz, resp. das die Stelle des letzteren vertretende Protokoll der Gegenpartei in gewohnter Weise zustellen zu lassen, sofern nicht die Partei erklärt, selbst einen Gerichtsvollzieher beauftragen zu wollen.[1]

Mit der Erhebung des Einspruchs werden, sofern derselbe rechtzeitig erhoben ist, die Folgen des Versäumnißurtheils insoweit beseitigt, daß nun von Neuem die Verhandlung der Sache gerade so stattfindet, als wenn ein Urtheil in derselben überhaupt noch nicht ergangen wäre. Nur die durch die Versäumniß veranlaßten Kosten fallen der säumigen Partei selbst dann zur Last, wenn in Folge des Einspruchs eine abändernde Entscheidung in der Hauptsache erlassen wird.[2]

Der Einspruch kann jedoch von der Partei, welche denselben einmal eingelegt hat, nicht ins Unbegrenzte wiederholt werden. Erscheint sie in dem ersten Termin, welcher zur mündlichen Verhandlung bestimmt ist, oder in dem Termine, auf welchen die Verhandlung vertagt ist, abermals nicht, so wird der Einspruch durch ein neues Versäumnißurtheil verworfen und gegen dieses ist ein weiterer Einspruch nicht zulässig.[3]

Verhandlung des Rechtsstreits.

Protokollführung.

In der mündlichen Verhandlung ist es die hauptsächlichste Aufgabe des Gerichtsschreibers, das Protokoll zu

[1] CPO. 305. 154.
[2] CPO. 369.
[3] CPO. 310.

führen. Wenn in demselben der Gang der Verhandlung auch nur im Allgemeinen anzugeben ist, so wird der Gerichtsschreiber doch vor Allem dahin zu wirken haben, daß er ein möglichst treues Bild alles desjenigen, was dem Gerichte vorgeführt wird, fixirt. Vor Allem den wesentlichen Inhalt der Aussagen von Zeugen und Sachverständigen hat er möglichst richtig und präcise wiederzugeben. Denn bei einer später etwa erfolgenden Berufungsverhandlung sollen die Beweisverhandlungen von den Parteien insoweit vorgetragen werden, als dies zum Verständnisse der Berufungsanträge und zur Prüfung der angefochtenen Entscheidung erforderlich ist. Entstehen hier aber Zweifel über den Inhalt der in voriger Instanz gemachten Zeugenaussagen, so muß das Gericht nöthigenfalls die Verhandlung wieder eröffnen, um abermals die schon einmal abgehörten Zeugen oder Sachverständigen[1] zu vernehmen, was natürlich nicht geschehen kann, ohne den Proceß erheblich zu verweitläufigen. Dies eben gerade kann durch eine möglichst zuverlässige Protokollirung der Verhandlung in erster Instanz vermieden werden.

In das Protokoll ist nun in jedem Falle gleichmäßig aufzunehmen:

1) Ort und Tag der Verhandlung,
2) der Name des Richters, des Gerichtsschreibers und des etwa zugezogenen Dolmetschers (als solcher kann auch der Gerichtsschreiber, falls er der fremden Sprache mächtig ist, fungiren),
3) die Bezeichnung des Rechtsstreites,

---

[1] CPO. 488.

4) die Namen der verschiedenen Parteien, gesetzlichen Vertreter, Bevollmächtigten und Beistände derselben,
5) die Angabe, daß öffentlich verhandelt, oder die Oeffentlichkeit ausgeschlossen worden ist.

Es sind ferner durch Aufnahme in das Protokoll festzustellen:

1) Anerkenntnisse, Verzichtleistungen und Vergleiche, durch welche der geltend gemachte Anspruch ganz oder theilweise erledigt wird,
2) die Anträge und Erklärungen, deren Feststellung vorgeschrieben ist, d. h. alle solche Anträge und Erklärungen, welche in etwaigen vorbereitenden Schriftsätzen nicht enthalten sind,
3) die Aussagen der Zeugen und Sachverständigen,
4) die Entscheidungen, Urtheile, Beschlüsse, Verfügungen des Gerichts, sofern sie nicht dem Protokoll schriftlich als Anlage beigefügt sind,
5) das Ergebniß eines Augenscheins,
6) die Verkündigung der Entscheidungen.

Zu 2. ist zu bemerken, daß im amtsgerichtlichen Verfahren Anträge und Erklärungen einer Partei durch das Sitzungsprotokoll nur insoweit festzustellen sind, als das Gericht dies für angemessen hält, wobei nicht ausgeschlossen ist — was im Verfahren vor den Landgerichten als Regel erscheint — daß die bezüglichen Anträge und Erklärungen in einem von der Partei als Anlage zum Protokoll zu überweisenden Schriftsatze niedergelegt werden. Als nicht vom Ermessen des Gerichts abhängig sind dagegen auf Antrag der Parteien stets Geständnisse, sowie Erklärungen über

Annahme oder Zurückschiebung zugeschobener Eide durch das Protokoll festzustellen.[1]

Nach dem §. 470 der CPO. ist anzunehmen, daß im Laufe einer im Laufe mehrerer Termine sich abspielenden mündlichen Verhandlung nicht protokollirt werden soll. Diese Vorschrift dient dazu, das Verfahren vor Zersplitterung zu bewahren, der mündlichen Verhandlung die erforderliche Rasche und Frischheit zu sichern und die Protokollirung auf dasjenige zu beschränken, was sich in dem Zeitpunkte, in welchem sich die ganze Sache übersehen läßt, als wesentlich und zur Protokollirung geeignet herausstellt.

Das Protokoll muß, soweit für den Gang der Sache erhebliche Erklärungen und Anträge der Partei, sowie Aussagen von Zeugen und Sachverständigen oder das Ergebniß eines Augenscheins in demselben ihre Feststellung gefunden haben, den Betheiligten vorgelesen oder zur Durchsicht vorgelegt werden. Ein Vermerk darüber, daß dies geschehen und die Genehmigung erfolgt sei, ist in das Protokoll aufzunehmen und eventuell zu bemerken, welche Einwendungen erhoben worden sind.[2]

Schließlich ist das Protokoll von dem Amtsrichter und dem Gerichtsschreiber zu unterschreiben, doch genügt bei Verhinderung des Richters die Unterschrift des Gerichtsschreibers. Wird im Laufe der Verhandlung von den Parteien die Echtheit producirter Urkunden bestritten oder behauptet, daß deren ursprünglicher Inhalt verändert worden sei, so sind diese dem Gerichtsschreiber zu übergeben, welcher sie bis zur Erledigung des Rechtsstreites auf der Gerichtsschreiberei zu verwahren hat. Die Vernehmung von Zeugen und Sachverständigen kann in der Verhandlung sofort er-

[1] CPO. 470. [2] CPO. 148.

folgen, falls sie zur Stelle sind. In der Regel aber wird dies natürlich nicht der Fall sein, vielmehr wird es meistens erst einer Aufforderung bedürfen, um ihr Erscheinen vor Gericht zu veranlassen, nachdem die Beweisaufnahme durch Beweisbeschluß angeordnet ist.[1] Die zu diesem Zwecke erforderliche Ladung erfolgt von Amtswegen; sie ist vom Gerichtsschreiber unter Bezugnahme auf den Beweisbeschluß auszufertigen und muß enthalten:

1) die Bezeichnung der Parteien,
2) die Thatsachen, über welche die Vernehmung erfolgen soll,
3) die Anweisung, zur Ablegung des Zeugnisses bei Vermeidung der durch das Gesetz angedrohten Strafen, in dem nach Zeit und Ort zu bezeichnenden Termine zu erscheinen.

Die Ladung muß durch einen Gerichtsvollzieher oder die Post dem vorgeladenen Zeugen oder Sachverständigen zugestellt werden, wobei jedoch zu bemerken ist, daß die Ladung einer dem activen Heere oder der activen Marine angehörenden Person des Soldatenstandes durch Ersuchen der Militairbehörde zu erfolgen hat. Hat das Gericht die Ladung davon abhängig gemacht, daß der Beweisführer einen Vorschuß zur Deckung der Staatskasse wegen der durch die Vernehmung der Zeugen oder Sachverständigen erwachsenden Auslagen hinterlegt, so unterbleibt die Ladung, wenn die Hinterlegung nicht in der bestimmten Frist erfolgt, oder doch so zeitig nachgeholt wird, daß die Vernehmung ohne Verzögerung des Verfahrens erfolgen kann.[2]

---

[1] CPO. 323.

[2] CPO. 342—344. 367.

Vorladung und Vernehmung von Zeugen; Zeugnißverweigerung.

Da in der Regel in dem Beweisbeschlusse der Termin verkündet werden wird, welcher für die Beweisaufnahme bestimmt ist, so ist eine Vorladung der Parteien zu diesem Termine nicht nöthig.[1]

Die Zeugnißpflicht ist zwar eine allgemeine, derart, daß Jeder, der zur Abgabe eines Zeugnisses aufgefordert ist, dasselbe nicht weigern kann, ohne eine ihn treffende Geldstrafe bis zu 300 Mark und im Unvermögensfalle eine Haftstrafe bis zu 6 Wochen zu verwirken. Jedoch vermögen sowohl vorübergehende Verhinderungsgründe den Zeugen zu entschuldigen, wie auch gewisse gesetzliche Gründe ihn überhaupt berechtigen, das Zeugniß gänzlich zu verweigern.

Nach den Bestimmungen des Gesetzes sind zur Verweigerung des Zeugnisses berechtigt:

1) der Verlobte einer Partei,
2) der Ehegatte einer Partei, auch wenn die Ehe nicht mehr besteht,
3) diejenigen, die mit einer Partei in gerader Linie verwandt, verschwägert oder durch Adoption verbunden oder in der Seitenlinie bis zum dritten Grade verwandt oder bis zum zweiten Grade verschwägert sind, auch wenn die Ehe, durch welche die Schwägerschaft begründet ist, nicht mehr besteht,
4) Geistliche, in Ansehung dessen, was ihnen bei der Ausübung der Seelsorge anvertraut ist,

---

[1] CPO. 195.

5) Personen, welchen kraft ihres Amtes, Standes oder Gewerbes Thatsachen anvertraut sind, deren Geheimhaltung durch die Natur derselben oder durch gesetzliche Vorschrift geboten ist, in Betreff der Thatsachen, auf welche die Verpflichtung zur Verschwiegenheit sich bezieht.

Doch darf ein in Vorschlag gebrachter Zeuge trotz seiner Verwandtschaft mit den Parteien sein Zeugniß in folgenden Fällen nicht verweigern:

1) über die Errichtung und den Inhalt eines Rechtsgeschäfts, bei dessen Errichtung er als Zeuge zugezogen war;
2) über Geburten, Verheirathungen oder Sterbefälle von Familienmitgliedern;
3) über Thatsachen, welche die durch das Familienverhältniß bedingten Vermögensangelegenheiten betreffen;
4) über diejenigen auf das streitige Rechtsverhältniß sich beziehenden Handlungen, welche von ihm selbst als Rechtsvorgänger oder Vertreter einer Partei vorgenommen sein sollen.

Will der Zeuge bez. Sachverständige sich entschuldigen oder aus den gesetzlichen Gründen sein Zeugniß verweigern, so braucht er im Termine gar nicht zu erscheinen, sondern kann schon vor diesem Termine seine Anzeige oder Weigerung erklären; er muß bei dieser Gelegenheit die Thatsachen, auf welche er seine Weigerung stützt, angeben und glaubhaft machen, wobei für alle solche Personen, welche wie Geistliche u. s. w. die Aussage über solche Dinge verweigern wollen, welche ihnen in Ausübung ihres Berufs anvertraut sind, es genügt, sich auf den von ihnen geleisteten Dienststeid zu berufen.

Von dem Eingange einer Erklärung des Zeugen oder von der Aufnahme einer solchen zum Protokoll hat der Gerichtsschreiber die Parteien zu benachrichtigen.[1]

Während die Unmittelbarkeit der Beweisaufnahme vor dem erkennenden Gerichte in der Hauptverhandlung die den Grundsätzen der Civilproceßordnung entsprechende Regel bildet,[2] kann doch in einer Reihe von Fällen die Abweichung von dieser Regel durch die Umstände geboten erscheinen. So wird vielfach die Einnahme des Augenscheins an Ort und Stelle erforderlich sein und durch die Entfernung des Gegenstandes des Augenscheins vom Proceßorte wird es meist nothwendig werden, die Einnahme des Augenscheins einem andern Gerichte zu übertragen.[3] Ebenso kann die Aufnahme eines Zeugenbeweises einem andern Gerichte übertragen werden:

1) wenn zur Ausmittelung der Wahrheit die Vernehmung des Zeugen an Ort und Stelle dienlich erscheint;
2) wenn die Beweisaufnahme vor dem Proceßgerichte erheblichen Schwierigkeiten unterliegen würde;
3) wenn der Zeuge verhindert ist, vor dem Proceßgerichte zu erscheinen;
4) wenn der Zeuge in großer Entfernung von dem Sitze des Proceßgerichtes sich aufhält.[4]

Das Gleiche gilt von der Aufnahme eines Beweises durch Sachverständige.[5] Es kann ferner angeordnet werden, daß die Vorlegung einer Urkunde vor einem anderen als dem erkennenden Gerichte erfolge, wenn die Vorlegung

[1] CPO. 351.
[2] CPO. 320.
[3] CPO. 337.
[4] CPO. 340.
[5] CPO. 367. 370.

bei der mündlichen Verhandlung wegen erheblicher Hindernisse nicht erfolgen kann, oder wegen der Wichtigkeit der Urkunde und der Besorgniß des Verlustes oder der Beschädigung bedenklich erscheint.[1]

Desgleichen hat eine erforderliche Eidesleistung vor einem anderen Gerichte dann zu erfolgen, wenn der Schwurpflichtige in großer Entfernung von dem Sitze des Proceßgerichts sich aufhält.

In allen den Fällen nun, in welchen die Vornahme von Proceßhandlungen an einem anderen Orte, als dem des Proceßgerichts nöthig wird, ist das Amtsgericht des Bezirks, wo die Amtshandlung vorgenommen werden soll, zur Leistung der Rechtshülfe bestimmt,[2] und in allen Fällen ist der Gerichtsschreiber zum Zwecke der Protokollirung gleichfalls zuzuziehen,[3] und es ist — obwohl dies im Gesetze nicht ausdrücklich gesagt wird — selbstverständlich, daß auf die herzustellenden Protokolle die vorhin erwähnten Vorschriften entsprechende Anwendung finden sollen.

Die auf die Beweisaufnahme sich beziehenden Verhandlungen sind von dem ersuchten Richter dem Gerichtsschreiber des Proceßgerichts in Urschrift zu übersenden, und nach ihrem Eingange ist der letztere verpflichtet, die Parteien hiervon zu unterrichten.[4]

Von den Parteien hat sich hierauf diejenige, welcher an der Fortsetzung des Verfahrens liegt, an den Gerichtsschreiber behufs Erwirkung eines neuen Verhandlungstermins zu wenden, nach dessen gerichtsseitiger Bestimmung

---

[1] CPO. 399.
[2] GVG. 158.
[3] CPO. 151.
[4] CPO. 327.

die Vorladung der Gegenpartei zu demselben in der üblichen Weise erfolgen muß.

Weiterer Gang des Verfahrens; Urtheilsverkündung; Ertheilung von Urtheilsausfertigungen und von Zeugnissen über die Rechtskraft.

Es können in jedem Proceßverfahren Abweichungen vom gewöhnlichen Gange dadurch entstehen, daß die Verhandlung über einen Zwischenstreit erforderlich wird, daß eine Partei die Wiedereinsetzung in den vorigen Stand gegen einen ihr widerfahrenen Rechtsnachtheil beantragt, oder daß im Laufe eines Processes eine Intervention oder Streitverkündigung erfolgt. In allen diesen Fällen können die Parteien sowohl ihre bezüglichen Anträge zur weiteren Veranlassung dem Gerichtsschreiber einreichen — der damit in der bekannten Weise zu verfahren hat — wie sie auch sich begnügen können, ihre bez. Anträge und Erklärungen bei dem Gerichtsschreiber zu Protokoll zu erklären.[1] Außer den genannten Fällen können aber auch einer Partei anderweitige Anträge und Erklärungen, auf welche sie ohne vorgängige Mittheilung voraussichtlich in der mündlichen Verhandlung eine Erklärung nicht abzugeben vermag, durch Zustellung eines Protokolls des Gerichtsschreibers mitgetheilt werden.[2]

Eine fernere Pflicht des Gerichtsschreibers während der ganzen Dauer des Verfahrens besteht darin, den Parteien auf ihr Verlangen die Prozeßacten vorzulegen und ihnen eventuell aus denselben Ausfertigungen und Abschriften zu ertheilen. Dritten Personen indessen dürfen

---

[1] CPO. 462.

[2] CPO. 463.

— außer wenn dies mit Einwilligung der Parteien geschieht — die Acten nur dann vorgelegt werden, wenn sie ein rechtliches Interesse dabei haben und dies glaubhaft machen. Hierbei hat der Gerichtsschreiber jedoch nicht nach eigenem Ermessen zu verfahren, vielmehr ist dazu eine vom Gerichte ausdrücklich ertheilte Erlaubniß erforderlich. — Dagegen dürfen die Entwürfe zu Urtheilen, Beschlüssen und Verfügungen, die zur Vorbereitung derselben angefertigten Arbeiten, sowie die Schriftstücke, welche Abstimmungen oder Strafverfügungen betreffen, überhaupt nicht vorgelegt werden.[1]

Ist endlich am Schlusse der ganzen mündlichen Verhandlung das Urtheil ergangen, so hat der Gerichtsschreiber auf dem ihm übergebenen schriftlich abgefaßten Urtheile den Tag der Verkündung zu bemerken und diese Bemerkung zu unterschreiben.[2] Seine Aufgabe ist es sodann, die verkündeten und unterschriebenen Urtheile in ein Verzeichniß zu bringen, welches jedoch nur die Rubra, nicht den ganzen Inhalt der Urtheile enthält. Dieses Verzeichniß wird an gewissen, vom Gericht im Voraus bestimmten Wochentagen mindestens auf die Dauer einer Woche in der Gerichtsschreiberei ausgehängt.[3] Diese Bestimmung hat theils den Zweck, den Parteien Gelegenheit zu geben, von den Urtheilen Einsicht zu nehmen und die Ertheilung von Ausfertigungen, Auszügen oder Abschriften aus denselben zu beantragen, theils ist sie von Bedeutung für die Frist zu Anträgen auf Berichtigung des Thatbestandes des Urtheils. Es können nämlich, wenn der Thatbestand des Urtheils

---

[1] CPO. 272.
[2] CPO. 286.
[3] CPO. 287.

Unrichtigkeiten, Auslassungen, Dunkelheiten oder Widersprüche enthält, die Parteien binnen einer einwöchigen Frist, die mit dem Tage des Aushanges des Verzeichnisses zu laufen beginnt, die Berichtigung beantragen. Zu diesem Zwecke müssen sie — was bei den Amtsgerichten durch Vermittelung des Gerichtsschreibers geschehen kann — der Gegenpartei einen Schriftsatz zustellen lassen, welcher den Antrag auf Berichtigung und die Ladung des Gegners zur mündlichen Verhandlung enthält — zu welcher natürlich eine vorherige Terminsbestimmung auf Grund des §. 193 erforderlich ist.[1] Da das Gericht über den Antrag auf Berichtigung ohne vorherige Beweisaufnahme lediglich auf Grund des Eindrucks zu entscheiden hat, den die Verhandlung im Gedächtniß des Richters zurückgelassen hat, so ist die abermalige Vorladung von Zeugen zu diesem Termine unstatthaft; wenn und soweit es sich daher um eine unrichtige Feststellung des dem Gerichte vorgeführten Beweismaterials handelt, kann diese nur auf dem Wege der Berufung an die höhere Instanz angefochten werden.

Es ist schließlich möglich, daß in dem ursprünglich festgestellten oder nachträglich hinsichtlich des Thatbestandes berichtigten Urtheil ein von den Parteien geltend gemachter Haupt- oder Nebenanspruch ganz oder theilweise übergangen ist. Ein solcher Mangel in der Entscheidung braucht gleichfalls nicht auf dem Wege der Berufung an die höhere Instanz angefochten zu werden, sondern es kann zunächst bei dem erkennenden Gerichte ein Antrag auf Ergänzung des Urtheils durch nachträgliche Entscheidung gestellt werden. Die den Parteien zu diesem Zwecke gelassene Frist beträgt

[1] CPO. 291.

eine Woche vom Tage der Zustellung des Urtheils an und zwar muß innerhalb dieser Zeit ein den Antrag auf Ergänzung enthaltender Schriftsatz — entweder direct durch den Gerichtsvollzieher oder unter Vermittelung des Gerichtsschreibers — der Gegenpartei zugestellt werden.[1]

Im Allgemeinen bedarf es der Zustellung der gerichtlichen Entscheidungen neben der Verkündigung nicht; insbesondere ist dies nicht erforderlich für die Fortsetzung des Verfahrens in derselben Instanz und namentlich nicht für alle proceßleitenden Verfügungen, Beweisbeschlüsse und Zwischenurtheile. Nöthig dagegen ist die Zustellung bei den Endurtheilen, da erst mit der Zustellung derselben die Nothfristen — Einspruchs-, Berufungs-, Beschwerdefrist — zu laufen beginnen;[2] und ebenso kann die Zwangsvollstreckung gegen eine verurtheilte Partei nicht eher zum Vollzuge gebracht werden, als bis derselben das Urtheil zugestellt worden ist.[3] Da indessen die Zustellung der Urtheile stets, auch im amtsgerichtlichen Verfahren, Sache der Parteien ist und nur auf deren Betreiben erfolgt, so hat der Gerichtsschreiber auch nur auf Veranlassung der Parteien hierfür Sorge zu tragen, sofern diese seine Vermittlung hierfür in Anspruch nehmen.[4] Die zuzustellende Ausfertigung ist — ebenso wie jede sonstige Urtheilsausfertigung — vom Gerichtsschreiber zu unterschreiben und mit dem Gerichtssiegel zu versehen.

Wird gegen das ergangene Urtheil die Berufung eingelegt, so müssen die Acten durch den Gerichtsschreiber der höheren Instanz von dem Gerichtsschreiber des Amts-

---

[1] CPO. 292.
[2] CPO. 304. 477. 540.
[3] CPO. 671.
[4] CPO. 288. 152.

gerichts zum Zwecke der Berufungsverhandlung innerhalb 24 Stunden eingefordert und von diesem dem ersteren übermittelt werden, und ebenso müssen die Acten nach Erledigung des Berufungsverfahrens — versehen mit einer beglaubigten Abschrift des in der Berufungsinstanz ergangenen Urtheils — dem Gerichtsschreiber der ersten Instanz wieder zugehen.[1]

Nachdem das Urtheil rechtskräftig geworden ist, können die Parteien ein Zeugniß über die Rechtskraft verlangen. Dieses Zeugniß hat in der Regel der Gerichtsschreiber der ersten Instanz zu ertheilen, und zwar auch dann, wenn der Rechtsstreit in den höheren Instanzen anhängig gewesen ist; nur so lange derselbe in einer höheren Instanz noch schwebt, ist das Zeugniß rücksichtlich einzelner, trotz der Berufung etwa in die Rechtskraft übergegangener Theile eines Urtheils von dem Gerichtsschreiber der höheren Instanz zu ertheilen. Dieser Fall kann namentlich dann eintreten, wenn bei mehreren, in einer Klage geltend gemachten Ansprüchen, nur der eine oder der andere Anspruch, oder bei erhobener Widerklage nur die Klage oder die Widerklage zur Entscheidung reif war und das Gericht die letztere durch Theilurtheil erlassen hat.[2] Es kann also dieses letztere möglicherweise in die Rechtskraft übergegangen sein, während eine spätere, den noch nicht erledigten Theil des Processes betreffende Entscheidung mit der Berufung angefochten wird, und in diesem Falle würde, so lange die Berufung noch schwebt, das Zeugniß über die Rechtskraft des Theilurtheils nicht von dem Gerichtsschreiber der ersten Instanz, sondern von dem der zweiten Instanz ertheilt werden

[1] CPO. 505.

[2] CPO. 273.

müssen und nach Sachlage auch nur ertheilt werden können, so lange sich die Proceßacten noch in der zweiten Instanz befinden. Insoweit die Ertheilung des Zeugnisses der Rechtskraft davon abhängt, daß gegen das Urtheil ein Rechtsmittel nicht eingelegt ist, genügt ein Zeugniß des Gerichtsschreibers bei dem für das Rechtsmittel zuständigen Gerichte, daß innerhalb der Nothfrist ein Schriftsatz zum Zwecke der Terminsbestimmung bei ihm nicht eingereicht worden ist,[1] denn die rechtzeitige Einreichung solchen Schriftsatzes ist derart von entscheidender Bedeutung, daß, wenn sie nicht erfolgt ist, von der Einreichung eines Rechtsmittels nicht mehr die Rede sein kann. Eines solchen Nachweises bedarf indessen — wie die Motive zum Gesetz dies ausdrücklich bemerken — der um das Zeugniß angegangene Gerichtsschreiber nur dann, wenn er Zweifel hegt, ob etwa ein Rechtsmittel eingelegt sei; er ist aber auf diesen einen Weg des Nachweises nicht beschränkt. Unter Umständen wird schon der Ablauf der Rechtsmittelfrist in Verbindung mit der Nichteinforderung der Acten seitens der höheren Instanz, ein nachgewiesener Verzicht u. s. w. ihm die zur Ertheilung eines Attestes nothwendige Ueberzeugung gewähren.

Vollstreckungsverfahren.

Außer dem Zeugniß über die Rechtskraft des Urtheils hat der Gerichtsschreiber erster Instanz — und wenn der Rechtsstreit bei einem höheren Gerichte anhängig ist, der Gerichtsschreiber dieses Gerichts — auf Antrag der berechtigten Partei die sogenannte *vollstreckbare Ausfertigung* zu ertheilen, indem er eine ihm vorgelegte

---

[1] CPO. 646.

Urtheilsausfertigung mit der Vollstreckungsklausel versieht. Dies hat in der Weise zu geschehen, daß er der Ausfertigung am Schlusse den Vermerk hinzufügt:

„Vorstehende Ausfertigung wird dem N. N. zum Zwecke der Zwangsvollstreckung ertheilt",

diesen unterschreibt und mit dem Gerichtssiegel versieht. Die vollstreckbare Ausfertigung darf nur für solche Urtheile ertheilt werden, welche die Rechtskraft beschritten haben; ist dies nicht der Fall, so kann die vollstreckbare Ausfertigung nur dann ertheilt werden, wenn in dem Urtheil selbst von dem Gerichte die Zulässigkeit der vorläufigen Vollstreckung ausgesprochen worden ist.[1] Die Ertheilung einer vollstreckbaren Ausfertigung kann von dem Gerichtsschreiber nicht deswegen verweigert werden, weil der Kalendertag noch nicht erschienen ist, von dessen Eintritt die Geltendmachung des Anspruches abhängig ist und ebenso wenig kann er den Nachweis einer Sicherheitsleistung von dem Gläubiger verlangen, wenn von deren Bestellung die Vollziehung der Zwangsvollstreckung abhängt; das Zutreffen dieser Voraussetzungen hat vielmehr lediglich der die Vollstreckung vornehmende Gerichtsvollzieher zu beurtheilen. Ebenso wenig kann (wie die Motive zum Gesetz ausdrücklich bemerken) bei Urtheilen, welche eine Leistung Zug um Zug betreffen, die Vollstreckungsklausel deshalb versagt werden, weil der Gläubiger seinerseits nicht vorgeleistet hat. Dagegen darf in anderen Fällen, bei allen Urtheilen, deren Vollstreckung ihrem Inhalte nach von dem durch den Gläubiger zu beweisenden Eintritt einer anderen Thatsache abhängt — wie von dem Eintritte einer Bedingung — die

[1] CPO. 662. 663.

vollstreckbare Ausfertigung nur dann ertheilt werden, wenn der Beweis des Eintritts durch öffentliche Urkunden[1] geführt wird.[2]

Für den Rechtsnachfolger des in dem Urtheile bezeichneten Gläubigers, sowie gegen Rechtsnachfolger des Schuldners kann nur dann eine vollstreckbare Ausfertigung ertheilt werden, wenn die Rechtsnachfolge gerichtsnotorisch ist oder durch öffentliche Urkunden nachgewiesen wird. In beiden Fällen aber bleibt dem Gläubiger, wenn er den erforderlichen Beweis nicht führen kann, nichts übrig, als bei dem Proceßgerichte erster Instanz aus dem Urtheile Klage auf Ertheilung der Vollstreckungsklausel zu erheben.[3] Es hat indessen darüber, ob die Rechtsnachfolge gerichtsnotorisch oder sonstwie genügend erwiesen sei, nicht der Gerichtsschreiber selbst zu befinden, sondern er muß in jedem Falle erst die Autorisation des Gerichts einholen und die geschehene Autorisation in der Vollstreckungsklausel erwähnen.[4] Ebenso darf der Gerichtsschreiber derselben Partei, welcher er schon einmal eine vollstreckbare Ausfertigung ertheilt hat, eine weitere Ausfertigung nur auf Anordnung des Gerichtes ertheilen, so lange die erste Ausfertigung nicht zurückgegeben ist. Er muß von der Ertheilung derselben den Gegner durch Zustellung der betreffenden Entscheidung des Gerichts in Kenntniß setzen. — Dies kann jedoch dann unterbleiben, wenn vor der Entscheidung über das Gesuch des Gläubigers der Schuldner gerichtsseitig gehört und die Entscheidung ihm verkündet worden ist.[5] Die weitere Ausfertigung muß auch

---

1 CPO. 380.
2 CPO. 664. 672.
3 CPO. 667.
4 CPO. 665. 666.
5 CPO. 294. Abs. 3.

in diesem Falle ausdrücklich als solche unter der Erwähnung bezeichnet werden, daß dieselbe kraft richterlicher Entscheidung erfolgt sei.

Aehnliches wie von den vollstreckbaren Ausfertigungen der Urtheile gilt von der Ertheilung der Vollstreckungsklausel für gerichtlich geschlossene Vergleiche und gerichtliche Urkunden. Auf Verlangen der Parteien sind solche von dem Gerichtsschreiber desjenigen Gerichts zu ertheilen, welches die betreffende Urkunde aufgenommen hat. Die vollstreckbare Ausfertigung gewisser notarieller Urkunden, aus denen die sofortige Zwangsvollstreckung statthaft ist,[1] ist nicht von dem Gerichtsschreiber, sondern von dem Notar zu ertheilen, welcher die Urkunde in Verwahrung hat.

Will die Gegenpartei, nachdem die Vollstreckungsklausel ertheilt ist, noch Einwendungen erheben, welche die Zulässigkeit der Ertheilung der Vollstreckungsklausel oder den Anspruch selbst betreffen, so muß sie dies im Wege der Klage thun. Die Entscheidung über die letztere steht, wenn es sich um ein gerichtliches Urtheil handelt, demjenigen Gerichte zu, von dessen Gerichtsschreiber die Vollstreckungsklausel ertheilt ist;[2] bei gerichtlichen Urkunden und Vergleichen dem Gerichte, welches dieselben aufgenommen hat und bei notariellen Urkunden dem Amtsgerichte, in dessen Bezirk der Notar, welcher sie errichtet hat, seinen Amtssitz hat.[3]

Mit der Klage — welche in gewöhnlicher Form einzuleiten ist — kann ein Antrag der klagenden Partei auf einstweilige Sistirung der Zwangsvollstreckung verbunden werden, da das Gericht in der Lage ist, diese in den ge-

[1] CPO. 702 N. 5.
[2] CPO. 668.
[3] CPO. 705.

eigneten Fällen entweder gegen Sicherheitsleistung oder ohne solche zu verfügen.[1]

Wird dagegen dem Gläubiger die Ertheilung der von ihm verlangten Vollstreckungsklausel versagt, so steht ihm hiergegen die Ergreifung der *sofortigen Beschwerde* offen.[2]

Ebenso findet im Zwangsvollstreckungsverfahren die sofortige Beschwerde gegen alle solche Entscheidungen statt, welche ohne vorgängige mündliche Verhandlung stattfinden.[3] Dahin gehören folgende Fälle:

1. Wenn das Gericht, nachdem in einer Sache die Wiederaufnahme des Verfahrens oder die Wiedereinsetzung in den vorigen Stand beantragt worden, auf gleichzeitigen Antrag die vorläufige Einstellung der Zwangsvollstreckung angeordnet hat.[4]

2. Wenn das Gericht die gleiche Anordnung getroffen hat, nachdem gegen ein für vorläufig vollstreckbar erklärtes Urtheil der Einspruch oder ein Rechtsmittel eingelegt worden ist.[5]

3. Wenn der Vorsitzende in den oben S. 34 näher bezeichneten Fällen die Ertheilung der Vollstreckungsklausel, resp. einer weiteren vollstreckbaren Ausfertigung verfügt hat.[6]

4. Wenn das Vollstreckungsgericht (d. h. das zuständige Amtsgericht) auf Ersuchen des Gerichtsvollziehers, welchem bei der Zwangsvollstreckung Widerstand geleistet wird, die Requisition militairischer Hülfe verfügt hat, oder

---

[1] CPO. 668.
[2] CPO. 701.
[3] CPO. 701. 684.
[4] CPO. 649.
[5] CPO. 657.
[6] CPO. 666. 669.

erforderlichen Falles eine Behörde um deren Einschreiten ersucht hat.[1]

5. Wenn das Gericht in dem Falle, wo eine Forderung gepfändet werden soll, an den Drittschuldner das zu diesem Zwecke erforderliche Verbot der Zahlung an den Schuldner erlassen hat.[2]

6. Wenn das Gericht Bestimmungen erlassen hat, welche auf die Pfändung anderweitiger Vermögensrechte abzielen, z. B. wenn es bei der Zwangsvollstreckung in Nutzungsrechte eine Verwaltung angeordnet hat.[3]

7. Wenn das Gericht, nachdem der Schuldner seine Verpflichtung zur Vornahme einer Handlung nicht erfüllt hat, den Gläubiger auf dessen Antrag ermächtigt, auf Kosten des Schuldners die Handlung vornehmen zu lassen,[4] oder wenn es den Schuldner, welcher verpflichtet ist, eine Handlung zu unterlassen, zu einer Geld- oder Haftstrafe verurtheilt.[5]

8. Wenn es gegen den Schuldner, welcher sich der Leistung des Offenbarungseides entzieht, zur Erzwingung der Eidesleistung die Haft verfügt;[6]

und dergleichen Fälle mehr.

Die Zwangsvollstreckung selbst ist, soweit sie die Pfändung beweglicher körperlicher Sachen betrifft, ausschließlich den Gerichtsvollziehern zugewiesen, welche mit der Abpfändung, dem Verkauf der gepfändeten Gegenstände und der Aushändigung des Erlöses nach den gesetzlichen Vorschriften und auf eigene Verantwortung zu verfahren und die Mitwirkung der Gerichte nur in solchen Fällen in Anspruch zu

[1] CPO. 678. Abs. 3. CPO. 698 bis 700.
[2] CPO. 730.
[3] CPO. 754.
[4] CPO. 773.
[5] CPO. 775.
[6] CPO. 782.

nehmen haben, wo sich der Vollziehung ihrer Amtsthätigkeit äußere Hindernisse, wie gewaltsamer Widerstand des Schuldners, entgegenstellen. In diesem Falle, ebenso wie in allen den Fällen, wo die Zwangsvollstreckung gegen andere Objecte, als bewegliche körperliche Gegenstände gerichtet werden soll, bedarf es der Mitwirkung des Vollstreckungsgerichts; ebenso in den Fällen, wo nach fruchtloser Pfändung in das Mobiliarvermögen des Schuldners dieser zur Ableistung des Offenbarungseides angehalten werden soll.

Das in solchen Fällen zuständige Vollstreckungsgericht ist das Amtsgericht, in dessen Bezirk das Vollstreckungsverfahren stattfindet.[1] Im Einzelnen begründet sich die Zuständigkeit des Vollstreckungsgerichts folgendermaßen:

1) bei der Zwangsvollstreckung in Forderungen und andere Vermögensrechte ist dasjenige Amtsgericht zuständig, bei welchem der Schuldner (Exequendus) im deutschen Reiche seinen allgemeinen Gerichtsstand hat und in Ermangelung eines solchen das Amtsgericht, in dessen Bezirk sich eine zur Sicherheit der Forderung dienende Sache befindet oder der Schuldner einer Forderung wohnt;[2]
2) bei der Zwangsvollstreckung in ein Grundstück ist dasjenige Amtsgericht zuständig, in welchem das Grundstück belegen ist, und ebenso bei der Pfändung eines Anspruches des Schuldners, welcher eine unbewegliche Sache betrifft;[3]
3) für die Abnahme des Offenbarungseides ist dasjenige

[1] CPO. 684.
[2] CPO. 729.
[3] CPO. 755. 752.

Amtsgericht zuständig, in dessen Bezirk der Schuldner im deutschen Reiche seinen Wohnsitz oder in Ermangelung eines solchen seinen Aufenthaltsort hat.[1]

Erforderlich wird eine Thätigkeit des Vollstreckungsgerichtes namentlich in folgenden Fällen:

1. Wenn der Gläubiger auf Grund eines von einem ausländischen Gerichte abgegebenen Urtheils die Vollstreckung gegen den Schuldner vornehmen lassen will.[2] In diesem Falle muß das Vollstreckungsgericht erst die Zulässigkeit der Zwangsvollstreckung aussprechen.

2. Wenn dritten Personen an einem beweglichen körperlichen Gegenstande, welcher gepfändet werden soll, Rechte zustehen, und zwar:

a) behauptet ein Dritter, daß ihm an dem Gegenstande ein die Veräußerung hinderndes Recht zustehe, so ist der Widerspruch gegen die Zwangsvollstreckung im Wege der Klage bei dem Gerichte geltend zu machen, in dessen Bezirke die Zwangsvollstreckung stattfindet. Gleichzeitig kann hiermit der Berechtigte einen Antrag auf vorläufige Einstellung der Zwangsvollstreckung verbinden;[3]

b) besitzt ein Dritter an einer zu pfändenden Sache ein Pfand- oder Vorzugsrecht, so kann er zwar der Pfändung nicht widersprechen, er kann jedoch seinen Anspruch auf vorzugsweise Befriedigung aus dem Erlöse im Wege der Klage geltend machen und diese ist gleichfalls beim Vollstreckungsgerichte anzustellen.[4]

In beiden Fällen jedoch ist, wenn der Streitgegenstand

---

[1] CPO. 780.
[2] CPO. 660.
[3] CPO. 690.
[4] CPO. 710.

nicht zur sachlichen Zuständigkeit eines Amtsgerichts gehört, die Klage bei dem Landgerichte zu erheben, in dessen Bezirke das Vollstreckungsgericht seinen Sitz hat.

3. Soll die Zwangsvollstreckung gegen eine dem activen Heere oder der activen Marine angehörige Person des Soldatenstandes in Kasernen oder anderen militairischen Dienstgebäuden oder auf Kriegsfahrzeugen erfolgen, so hat auf Antrag des Gläubigers das Vollstreckungsgericht die zuständige Militairbehörde um die Zwangsvollstreckung zu ersuchen.[1]

4. Der Gläubiger sowohl wie der Schuldner kann beim Vollstreckungsgericht beantragen, daß eine gepfändete Sache, statt wie gewöhnlich am Pfändungsorte durch den Gerichtsvollzieher versteigert zu werden, in anderer Weise, an einem anderen Orte oder durch eine andere Person verwerthet werde.[2]

5. Bei dem Vollstreckungsgerichte ist der Antrag zu stellen, dem Schuldner den Offenbarungseid abzunehmen. Voraussetzung der Zuläſsigkeit solchen Antrags ist, daß die Pfändung zu einer vollständigen Befriedigung des Gläubigers nicht geführt hat, oder daß dieser glaubhaft macht, daß er durch Pfändung seine vollständige Befriedigung nicht erlangen könne;[3] dagegen kommt es darauf nicht an, ob etwa eine Befriedigung des Gläubigers aus unbeweglichen Gütern des Schuldners erfolgen könnte. Nach der Stellung solchen Antrages ist zunächst eine Terminsbestimmung und hierauf die Vorladung des Schuldners zum Termine erforderlich.[4] Letztere ist Sache der Partei und kann von dieser entweder

---

[1] CPO. 699.
[2] CPO. 726.
[3] CPO. 711.
[4] CPO. 781.

durch Vermittlung des Gerichtsvollziehers oder (bei Nichtanwaltsprocessen) des Gerichtsschreibers besorgt werden. Erscheint der Schuldner im Termin nicht, oder verweigert er die Eidesleistung ohne Grund, so ordnet das Gericht auf Antrag die Haft gegen ihn an, aus welcher der Schuldner sich während ihrer auf höchstens 6 Monate fixirten Dauer jederzeit befreien kann, indem er bei dem Amtsgericht des Haftorts beantragt, ihm den Offenbarungseid abzunehmen.[1]

Hat der Schuldner aber den Offenbarungseid einmal geleistet, so ist er zur nochmaligen Ableistung des Eides einem andern Gläubiger gegenüber nur dann verpflichtet, wenn glaubhaft gemacht wird, daß er später Vermögen erworben habe;[2] und das Gleiche gilt für denjenigen Schuldner, gegen welchen wegen Verweigerung des Offenbarungseides eine Haft von 6 Monaten vollstreckt worden ist.[3] — Der Gläubiger muß, wenn die Haft gegen den Schuldner vollstreckt werden soll, die Kosten, welche durch die Haft entstehen, sowie die Verpflegungskosten von Monat zu Monat im Voraus bezahlen; sobald er mit dieser Zahlung säumig ist, wird die Haft aufgehoben.[4]

6. Die Mitwirkung des Vollstreckungsgerichts ist ferner erforderlich, wenn eine dem Schuldner zuständige Forderung oder ein anderes Vermögensrecht desselben gepfändet werden soll. Auf Antrag des Gläubigers verbietet das Gericht nämlich in diesem Falle dem Drittschuldner die Zahlung an den Schuldner und erläßt gleichzeitig an diesen letzteren das Gebot, sich jeder Verfügung über diese Forderung, insbesondere der Einziehung derselben zu enthalten.

---

1 CPO. 782. 783. 794.
2 CPO. 784.
3 CPO. 795.
4 CPO. 792.

Der Gläubiger hat den Beschluß dem Drittschuldner zustellen zu lassen, was in Anwaltsprocessen durch directe Beauftragung des Gerichtsvollziehers geschehen muß, in anderen Processen durch Vermittlung des Gerichtsschreibers geschehen kann (indem dieser entweder seinerseits einen Gerichtsvollzieher beauftragt, oder die Post um Zustellung ersucht.[1] Hat der Gerichtsschreiber dem Drittschuldner durch die Post zustellen lassen, so muß er (was sonst die Aufgabe des Gerichtsvollziehers ist) auch dem Schuldner den Gerichtsbeschluß mit einer Abschrift der Zustellungsurkunden sofort zustellen, sofern nicht eine öffentliche Zustellung erforderlich wird.[2]

Auf Verlangen des Gläubigers muß nun der Drittschuldner — und zwar innerhalb zwei Wochen von der Zustellung des Pfändungsbeschlusses an gerechnet — dem Gläubiger erklären:

1) ob und inwieweit er die Forderung als begründet anerkenne und Zahlung zu leisten bereit sei;
2) ob und welche Ansprüche andere Personen an die Forderung machen;
3) ob und wegen welcher Ansprüche die Forderung bereits für andere Gläubiger gepfändet sei.

Die Aufforderung zur Abgabe dieser Erklärungen muß in die Zustellungsurkunde aufgenommen werden. Die Erklärung des Drittschuldners ist im Allgemeinen an den Gerichtsvollzieher zu richten, doch kann der Drittschuldner im Nichtanwaltsproceß auch die Vermittlung des Gerichtsschreibers in Anspruch nehmen.[3] Ein weiterer Antrag des Gläu-

---

[1] CPO. 152. 179.
[2] CPO. 730.
[3] CPO. 739. 152.

bigers ist sodann zur Erwirkung eines Gerichtsbeschlusses erforderlich, durch welchen ihm die gepfändete Forderung nach seiner Wahl zur Einziehung oder an Zahlungsstatt zum Nennwerthe überwiesen wird. Der betreffende Beschluß erheischt ebenso wie der Pfändungsbeschluß eine Zustellung sowohl an den Drittschuldner, wie an den Schuldner.[1]

Zu bemerken ist, daß folgende Forderungsrechte der Pfändung nicht unterworfen sind:

1) der Arbeits- und Dienstlohn nach den Bestimmungen des Reichsgesetzes vom 21. Juni 1869 (BGBl. 1869 S. 242 und 1871 S. 63);
2) die auf gesetzlicher Vorschrift beruhenden Alimentenforderungen;
3) die fortlaufenden Einkünfte, welche ein Schuldner aus Stiftungen oder sonst auf Grund der Fürsorge oder Freigebigkeit eines Dritten bezieht, insoweit der Schuldner zur Bestreitung des nothdürftigen Unterhalts für sich, seine Ehefrau und seine noch unversorgten Kinder dieser Einkünfte bedarf;
4) die aus Kranken-, Hülfs- oder Sterbekassen, insbesondere aus Knappschaftskassen und Kassen der Knappschaftsvereine zu beziehenden Hebungen;
5) den Sold und die Invalidenpension der Unterofficiere und der Soldaten;
6) das Diensteinkommen der Militairpersonen, welche zu einem mobilen Truppentheile oder zur Besatzung eines in Dienst gestellten Kriegsfahrzeuges gehören;
7) die Pensionen der Wittwen und Waisen und die denselben aus Wittwen- und Waisenkassen zukommenden

[1] CPO. 736.

Bezüge; die Erziehungsgelder und die Studienstipendien, sowie die Pensionen invalider Arbeiter;

8) das Diensteinkommen der Officiere, Militairärzte und Deckofficiere, der Beamten, der Geistlichen und der Lehrer an öffentlichen Unterrichtsanstalten; die Pensionen dieser Personen nach deren Versetzung in einstweiligen oder dauernden Ruhestand, sowie der nach ihrem Tode den Hinterbliebenen zu gewährende Sterbe- und Gnadengehalt.

Uebersteigen in den Fällen sub 7 und 8 das Diensteinkommen, die Pension oder die sonstigen Bezüge die Summe von 1500 Mark für das Jahr, so ist der dritte Theil des Mehrbetrages der Pfändung unterworfen.

Der Gehalt und die Dienstbezüge der im Privatdienste dauernd angestellten Person (§. 4 Nr. 4 des Reichsgesetzes vom 21. Juni 1869) sind nur soweit der Pfändung unterworfen, als der Gesammtbetrag die Summe von 1500 Mark für das Jahr übersteigt.

Nicht beim Vollstreckungsgerichte, sondern stets beim Proceßgerichte erster Instanz sind schließlich folgende Vollstreckungsanträge zu stellen:

1) wenn der Schuldner seiner Verpflichtung entgegen, eine Handlung nicht vornimmt, deren Vornahme durch einen Dritten erfolgen kann, kann der Gläubiger beantragen, ihn zu ermächtigen, die Handlung auf Kosten des Schuldners vornehmen zu lassen und den Schuldner zur Vorausbezahlung der entstehenden Kosten zu verurtheilen;[1]

2) kann eine Handlung durch einen Dritten nicht vor-

[1] CPO. 773.

genommen werden, so kann — wenn sie ausschließlich von dem Willen des Schuldners abhängt — das Proceßgericht erster Instanz auf Antrag erkennen, daß der Schuldner zur Vornahme der Handlung durch Geldstrafe bis zum Gesammtbetrage von 1500 Mark oder durch Haft (bis zu 6 Monaten) anzuhalten sei;[1]

3) handelt der Schuldner der Verpflichtung zuwider, eine Handlung zu unterlassen oder die Vornahme einer Handlung zu dulden, so kann ihn auf Antrag des Gläubigers das Proceßgericht erster Instanz wegen jeder Zuwiderhandlung zu einer Geldstrafe oder Haft verurtheilen.[2]

Ebenso wie bei der Zwangsvollstreckung in das bewegliche Vermögen das zuständige Amtsgericht (außer in den soeben namhaft gemachten Fällen) das Vollstreckungsgericht ist, ist es dies bei der Zwangsvollstreckung in das unbewegliche Vermögen. Zuständig als Vollstreckungsgericht ist immer das Amtsgericht, in dessen Bezirk das Grundstück belegen ist. Ist es mit Rücksicht auf die Grenzen verschiedener Amtsgerichtsbezirke ungewiß, welches Amtsgericht zuständig sei, oder ist das Grundstück in dem Bezirke verschiedener Amtsgerichte belegen, so bestellt auf Antrag eines der Betheiligten das zunächst höhere Gericht eines dieser Gerichte als Vollstreckungsgericht.[3] Weitere Bestimmungen über das Vollstreckungsverfahren in das unbewegliche Vermögen hat die Civilproceßordnung nicht getroffen; sie überläßt dessen Regelung vielmehr bei der Vielgestaltigkeit der in Betracht kommenden civilrechtlichen Grundsätze durchaus den Landesgesetzen.

---

[1] CPO. 777.
[2] CPO. 778.
[3] CPO. 755. 756.

Vertheilungsverfahren.

Es ist sowohl bei der Pfändung beweglicher körperlicher Sachen, wie bei der Pfändung von Forderungen und anderen Vermögensrechten möglich, daß mehrere Gläubiger die Zwangsvollstreckung auf denselben Gegenstand resp. auf dieselbe Forderung richten. Geschieht dies gleichzeitig, so erwerben sie nach Verhältniß ihrer Forderungen gleiche Rechte, wird aber die eine Zwangsvollstreckung erst nach Bewirkung der anderen vorgenommen, so geht stets das durch eine frühere Pfändung bewirkte Pfandrecht demjenigen vor, welches durch eine spätere Pfändung begründet worden ist.[1] Wenn dieser gesetzliche Grundsatz auch zumeist eine klare und einfache Beurtheilung der von mehreren Seiten auf dasselbe Pfandobject erhobenen Ansprüche zuläßt, so kann doch weder dem Gerichtsvollzieher, in dessen Händen sich der Erlös eines gepfändeten Gegenstandes befindet, noch dem Drittschuldner, welche eine bei ihm beschlagnahmte Forderung zu berichtigen hat, zugemuthet werden, daß er die Gefahr einer unrichtigen Vertheilung der durch die Zwangsvollstreckung erzielten Geldbeträge unter mehrere Gläubiger übernehme. Beide sind daher berechtigt, in zweifelhaften Fällen den in ihren Händen befindlichen Geldbetrag beim Vollstreckungsgericht zu hinterlegen — und zwar der Drittschuldner bei dem Amtsgericht, dessen Beschluß ihm zuerst zugestellt worden ist.[2] Bei dem Vollstreckungsgerichte hat alsdann das Vertheilungsverfahren einzutreten, wenn der hinterlegte Geldbetrag nicht zur Befriedigung der sämmtlichen betheiligten Gläubiger ausreicht. Das Amtsgericht

---

[1] CPO. 709.

[2] CPO. 728. 750. 751.

hat nach Eingang der Anzeige von der Sachlage von Amtswegen an jeden der betheiligten Gläubiger die Aufforderung zu erlassen, binnen zwei Wochen eine Berechnung der Forderung an Kapital, Zinsen, Kosten und sonstigen Nebenforderungen einzureichen.

Nachdem diese Frist für jeden der Gläubiger abgelaufen ist, wird von dem Gerichte ein Theilungsplan nach den oben erwähnten Grundsätzen angefertigt. Die Forderung eines Gläubigers, welcher bis zur Anfertigung des Theilungsplans die vorerwähnte Berechnung nicht eingereicht hat, wird dabei lediglich und mit Ausschluß jeder nachträglichen Ergänzung nach der von dem Gerichtsvollzieher oder dem Drittschuldner erstatteten Anzeige und ihren Unterlagen berechnet. Die Kosten des Vertheilungsverfahrens sind vorweg von dem zur Verfügung stehenden Betrage in Abzug zu bringen. Zur Erklärung über den Theilungsplan, sowie zur Ausführung der Vertheilung ist von dem Gerichte ein Termin zu bestimmen, zu welchem die Ladung von Amtswegen erfolgt und spätestens 3 Tage vor dem Termin muß der Theilungsplan auf der Gerichtsschreiberei zur Einsicht aller Betheiligten niedergelegt werden. Zu dem Termine muß auch der Schuldner geladen werden, wenn nicht für diese Ladung eine Zustellung im Auslande oder eine öffentliche Zustellung nöthig wäre. Der Termin ist dazu bestimmt, den Betheiligten Gelegenheit zu einem etwaigen Widerspruche zu geben, doch kann ein solcher auch vor dem Termin zum Protokoll des Gerichtsschreibers erfolgen. Gegen solche Gläubiger, welche weder vor, noch nach dem Termin Widerspruch erhoben haben, wird angenommen, daß sie mit der Ausführung des Theilungsplans einverstanden seien.

Besteht ein in dem Termin nicht erledigter Widerspruch,

so muß der Gläubiger, welcher ihn erhoben hat, ohne vorherige Aufforderung bei dem zuständigen Gerichte Klage gegen die dabei betheiligten Gläubiger zur Anfechtung des Theilungsplans erheben und, daß dies geschehen, dem Vertheilungsgerichte innerhalb eines Monats seit dem Terminstage nachweisen. Zuständig für diese Klage ist das Vertheilungsgericht oder, wenn der Streitgegenstand nicht zur sachlichen Zuständigkeit der Amtsgerichte gehört, das Landgericht, in dessen Bezirk das Vertheilungsgericht seinen Sitz hat. Bestehen mehrere nicht erledigte Widersprüche und gehört auch nur eine der Klagen, welche zur Anfechtung des Theilungsplans erforderlich sind, zur sachlichen Zuständigkeit des Landgerichts, so ist dieses für alle bezüglichen Klagen zuständig; doch können sämmtliche betheiligte Gläubiger auch vereinbaren, daß das Vertheilungsgericht über alle Widersprüche entscheiden solle. Das in diesem Verfahren ergehende Urtheil ordnet sodann eine Berichtigung des Theilungsplanes oder eine Neuanfertigung des Plans und ein anderweites Vertheilungsverfahren an, welches dann unter Wiederholung des Termins wieder bei dem Vertheilungsgerichte stattfindet.[1]

Proceßkosten.

Die Proceßkosten zerfallen in Gerichtskosten, d. h. in solche Gebühren, welche an die Gerichtskasse zu zahlen sind, und außergerichtliche Kosten, d. h. alle anderen Proceßkosten (wie Gebühren der Rechtsanwälte, der Gerichtsvollzieher u. s. w.).

---

[1] CPO. 758—768.

Die Erhebung von Gerichtskosten in bürgerlichen Rechtsstreitigkeiten richtet sich nach dem Gerichtskostengesetz. Wegen der genauen Tarifirung der Kosten muß auf dieses Gesetz verwiesen werden; hier können nur die wichtigsten allgemeinen Grundsätze zur Erwähnung gelangen.

Für jede Instanz ist der Gerichtskasse vom Antragsteller ein Gebührenvorschuß im Betrage der vollen Entscheidungsgebühr zu zahlen, welche für die Instanz in Ansatz kommt. Außerdem ist bei jedem Antrag auf Vornahme einer Handlung, mit welcher baare Auslagen verbunden sind, ein zur Deckung derselben hinreichender Vorschuß von dem Antragsteller zu zahlen.[1] Von diesem Rechte der Vorschußerhebung abgesehen, werden die Gebühren und Auslagen in der Regel erst fällig, sobald das Verfahren oder die Instanz durch unbedingte Entscheidung über die Kosten, durch Vergleich, Zurücknahme oder anderweit erledigt ist.[2] Und zwar ist Schuldner der entstandenen Gebühren und Auslagen derjenige, welchem durch gerichtliche Entscheidung die Kosten des Verfahrens auferlegt sind, oder welcher dieselben durch eine vor dem Gerichte abgegebene oder demselben mitgetheilte Erklärung übernommen hat. Schuldner der Schreibgebühr für Abschriften und Ausfertigungen, welche nicht von Amtswegen zu ertheilen sind, ist dagegen stets derjenige, welcher solche bestellt hat.[3] Leistet derjenige, welchem die Kosten des Verfahrens auferlegt sind, oder welcher sie übernommen hat, die Zahlung nicht, so kann das Gericht jedesmal, soweit die übernommene Vorschußpflicht reicht, sich an denjenigen halten,

---

[1] GKG. 81. 84.
[2] GKG. 93.
[3] GKG. 86.

welcher zur Leistung dieses Vorschusses verpflichtet ist.[1] Fehlt es an einem andern Schuldner, so ist derjenige, welcher die Instanz durch seinen Antrag herbeigeführt hat, der Gerichtskasse gegenüber zur Zahlung verpflichtet.

Als Ausnahme von der Regel sind schon vor Beendigung der Instanz mit dem Ablaufe je eines Jahres seit Bestimmung des ersten Termines oder seit Stellung des ersten Antrags die bis dahin entstandenen Gebühren und Auslagen zu erheben, und zwar nach dem oben angegebenen Grundsatz von demjenigen, welcher das Verfahren der Instanz beantragt hat.

Die unterliegende Partei hat in der Regel sämmtliche dem Gegner entstandene Kosten zu tragen, wozu in allen Processen die Gebühren und Auslagen des Rechtsanwalts der obsiegenden Partei gehören.[2] Inwieweit Modificationen von diesem Grundsatz in einzelnen Fällen einzutreten haben, bestimmt das Gericht in seinem Erkenntnisse nach Maßgabe des Gesetzes und nach freiem Ermessen. Der Anspruch auf Erstattung der Proceßkosten kann nur geltend gemacht werden, wenn er durch einen vollstreckbaren Schuldtitel, also namentlich eine rechtskräftig oder vorläufig vollstreckbar erklärte Verurtheilung zur Tragung der Proceßkosten begründet ist. Da hierdurch in der Regel aber erst die Pflicht zur Kostenerstattung, nicht aber die Höhe des Kostenbetrages feststeht, so bedarf es noch einer gerichtlichen Festsetzung des zu erstattenden Betrages. Das Gesuch um dieselbe ist auf Grund des vollstreckbaren Schuldtitels unter Beifügung der Kostenberechnung, einer für den Gegner bestimmten Abschrift derselben und der zur Rechtfertigung der einzelnen

[1] GKG. 90.

[2] CPO. 87.

Ansätze dienenden Belege bei dem Proceßgerichte erster Instanz anzubringen und kann bei dem Gerichtsschreiber zu Protokoll erklärt werden. Zur Berücksichtigung eines Ansatzes genügt, daß derselbe glaubhaft gemacht wird.

Verfahren vor dem Landgericht.

Für welche Sachen die Landgerichte zuständig sind, ist bereits im Anfange dieser Schrift bei den dort ausführlich mitgetheilten Bestimmungen über die Competenz angegeben worden. Für den Gang des Verfahrens vor den Landgerichten sind im Allgemeinen die gleichen Grundsätze maßgebend, wie für das Verfahren vor den Amtsgerichten; nur die Abweichungen von dem letzteren sind daher, soweit sie für den Gerichtsschreiber in Betracht kommen, hier noch zu erörtern. Größtentheils werden dieselben dadurch bedingt, daß der Proceß vor dem Landgericht nicht von den Parteien selbst, sondern ausschließlich von den staatlich zugelassenen Rechtsanwälten zu führen ist. Es fällt hierdurch namentlich auch die für das amtsgerichtliche Verfahren vorgesehene vermittelnde Thätigkeit des Gerichtsschreibers fort, welche bestimmt ist, den Proceßverkehr der Parteien zu erleichtern, dafür aber auch den Gerichtsschreiber mit einer Reihe von amtlichen Obliegenheiten belastet, deren Erfüllung der Proceßbetrieb beim Landgericht nicht von ihm fordert.

Die Vertretung der Parteien vor den Landgerichten — ebenso wie vor allen Gerichten höherer Instanz — ist eine obligatorische.[1] Man bezeichnet daher diese Art der Proceßführung schlechthin als „Anwaltsproceß" im Gegensatz zu dem vor den Amtsgerichten von den Parteien selbst geführten „Parteiproceß". Doch findet die Vorschrift der obligatorischen Vertretung durch Rechtsanwälte auf das Verfahren vor einem beauftragten oder ersuchten Richter keine Anwendung, und ebenso wenig brauchen sich die Parteien bei solchen Proceßhandlungen, welche vor dem Gerichtsschreiber vorgenommen werden können, von einem Anwalt vertreten zu lassen. — Dahin gehören namentlich die folgenden Proceßhandlungen:

1) das Gesuch, durch welches ein Richter, Gerichtsschreiber oder Sachverständiger abgelehnt wird;[2]
2) das Gesuch um Festsetzung der vom Gegner zu erstattenden Proceßkosten;[3]
3) das Gesuch um Bewilligung des Armenrechts;[4]
4) das Gesuch um Aussetzung des Verfahrens;[5]
5) die Erklärung eines Zeugen, kein Zeugniß ablegen zu wollen;[6]
6) das Gesuch einer Partei um Aufnahme eines Beweises zum ewigen Gedächtniß (durch Einnahme eines Augenscheins oder Vernehmung von Zeugen und Sachverständigen);[7]
7) das Gesuch um Anordnung eines Arrestes;[8]
8) das Gesuch um Erlaß eines Aufgebots.

Alle diese Gesuche resp. Erklärungen können auch im landgerichtlichen Processe von den Parteien ohne Vermitt-

[1] CPO. 74.
[2] CPO. 44. 371.
[3] CPO. 98.
[4] CPO. 109.
[5] CPO. 225.
[6] CPO. 351.
[7] CPO. 448.
[8] CPO. 800.

lung eines Rechtsanwalts beim Gerichtsschreiber zu Protokoll erklärt werden. Zur Vornahme aller andern Proceßhandlungen jedoch, welche entweder die Einleitung oder die Fortführung eines Processes bezwecken, sind nur Rechtsanwälte befugt, auch können dieselben nicht beim Gerichtsschreiber zu Protokoll erklärt werden, sondern müssen ihren Ausdruck in einem von der betreibenden Partei anzufertigenden Schriftsatz finden. Die Zustellung dieser Schriftsätze findet nicht, wie beim Amtsgericht, unter Vermittlung des Gerichtsschreibers statt, vielmehr muß stets die Partei, welche zustellen lassen will, einen Gerichtsvollzieher mit der Zustellung beauftragen,[1] sofern nicht in den Fällen, in welchen die Parteien durch Anwälte vertreten sind, die Zustellung von Anwalt zu Anwalt beschafft wird.[2] Der Gerichtsschreiber seinerseits hat sich lediglich auf die Entgegennahme der Abschriften für die Gerichtsakten zu beschränken. Denn die Parteien haben von allen vorbereitenden Schriftsätzen nebst den Anlagen für das Gericht bestimmte Abschriften auf der Gerichtsschreiberei niederzulegen. Diese Niederlegung erfolgt zugleich mit der Ueberreichung der Urschrift, wenn eine Terminsbestimmung erwirkt werden soll, andernfalls sofort nach erfolgter Zustellung des Schriftsatzes.[3]

Ebenso wie im amtsgerichtlichen Verfahren hat der Gerichtsschreiber, wenn eine Klage behufs Terminsbestimmung eingereicht wird, die Klage innerhalb 24 Stunden dem Gerichtsvorsitzenden zu diesem Zwecke vorzulegen. Da die Einlassungsfrist beim Landgerichte auf mindestens einen

---

[1] CPO. 152.
[2] CPO. 181.
[3] CPO. 124.

Monat normirt ist, so kann auch der Termin frühestens auf etwa fünf Wochen nach Einreichung der Klage festgesetzt werden. Bei den Kammern für Handelssachen jedoch kann die Einlassungsfrist bis auf zwei Wochen abgekürzt werden; in Wechselprocessen auf 24 Stunden, wenn die Klage am Sitze des Gerichts zugestellt wird, auf drei Tage, wenn sie an einem andern Orte im Bezirke des Gerichts, und auf eine Woche, wenn sie an einem andern deutschen Orte zugestellt wird.[1] Nachdem die klagende Partei die Klage durch den Gerichtsvollzieher hat zustellen lassen, muß der Beklagte dem Kläger mittelst vorbereitenden Schriftsatzes die Klagbeantwortung innerhalb der ersten zwei Drittheile der Zeit zustellen, welche zwischen der Zustellung der Klagschrift und dem Termin zur mündlichen Verhandlung liegt. Auch von dieser und ihren Anlagen ist in Gemäßheit des §. 124 der CPO. dem Gerichtsschreiber eine Abschrift für die Proceßakte zu behändigen; ebenso von etwa weiter gewechselten vorbereitenden Schriftsätzen, sofern noch ein weiterer Schriftwechsel zur genügenden Vorbereitung erforderlich wird.

Während in der Verhandlung vor dem Amtsgerichte die Anträge einer Partei nur soweit in das Sitzungsprotokoll aufzunehmen sind, als das Gericht deren Feststellung für angemessen erachtet,[2] übt nach dem Gesetz das Landgericht eine derartige Controle nicht. Im landgerichtlichen Verfahren werden zunächst die Anträge der Parteien aus den vorbereitenden Schriftsätzen verlesen. Werden solche Anträge gestellt, welche in den vorbereitenden Schriftsätzen nicht enthalten sind, oder von früher verlesenen in wesent-

[1] CPO. 234. 567. GVG. 102. | [2] CPO. 470.

lichen Punkten abweichen, so müssen diese in einem besonderen Schriftsatz gestellt und aus diesem verlesen werden, und sodann muß dieser Schriftsatz überreicht, dem Protokoll als Anlage beigefügt und in diesem als Anlage bezeichnet werden, widrigenfalls die Anträge nicht berücksichtigt werden. Ebenso sind wesentliche Erklärungen einer Partei, welche in vorbereitenden Schriftsätzen nicht enthalten sind, desgleichen wesentliche Abweichungen von dem Inhalte solcher Schriftsätze, ferner Geständnisse, endlich Erklärungen über Annahme oder Zurückschiebung zugeschobener Eide auf Antrag durch Schriftsätze festzustellen; diese sind zu überreichen und dem Protokoll als Anlagen beizufügen.

Im Uebrigen gelten hinsichtlich der Protokolle die bei der Darstellung des amtsgerichtlichen Verfahrens mitgetheilten Bestimmungen.

In Processen, welche die Richtigkeit einer Rechnung, eine Vermögensauseinandersetzung oder ähnliche Verhältnisse zum Gegenstand haben, kann das Proceßgericht die mündliche Verhandlung vertagen und ein vorbereitendes Verfahren anordnen, wenn sich eine erhebliche Anzahl von streitigen Ansprüchen oder von streitigen Einwendungen gegen eine Rechnung oder eine Inventur herausstellt.[1] (Im amtsgerichtlichen Proceß findet ein solches Verfahren nicht statt.)

Das vorbereitende Verfahren findet vor einem vor dem Proceßgerichte commissarisch hiermit beauftragten Richter unter Zuziehung des Gerichtsschreibers statt.[2] In dem unter Leitung des Richters aufzunehmenden Protokoll ist festzustellen:

---

[1] CPO. 313.

[2] CPO. 151.

1) welche Ansprüche erhoben und welche Angriffs- und Vertheidigungsmittel geltend gemacht werden;
2) welche Ansprüche und welche Angriffs- und Vertheidigungsmittel streitig oder unstreitig sind;
3) in Ansehung der bestrittenen Ansprüche und der bestrittenen Angriffs- und Vertheidigungsmittel das Sachverhältniß nebst den von den Parteien bezeichneten Beweismitteln, den geltend gemachten Beweiseinreden, den abgegebenen Erklärungen über Beweismittel und den Beweiseinreden und den gestellten Anträgen.

Erscheint eine Partei im Termine nicht, so hat der Richter das Vorbringen der erscheinenden Partei zu Protokoll festzustellen und einen neuen Termin anzuberaumen, zu welchem die ausgebliebene Partei von der erschienenen unter Mittheilung einer Abschrift des Protokolls vorzuladen ist.[1] Erscheint die ausgebliebene Partei auch in diesem neuen Termine wiederum nicht, so gilt das Vorbringen des Gegners in dem abschriftlich mitgetheilten Protokolle für zugestanden und ist das vorbereitende Verfahren insoweit beendet.[2]

Nach dem Schlusse des vorbereitenden Verfahrens wird der Termin zur mündlichen Verhandlung vor dem Proceßgerichte von Amtswegen bestimmt; derselbe ist den Parteien durch den Gerichtsschreiber mittelst Zustellung der betreffenden Verfügung (welche die Aufforderung zum Erscheinen enthält) bekannt zu machen.[3]

Bei der Zustellung der Urtheile, welche stets nur auf

---

[1] CPO. 191.
[2] CPO. 316.
[3] CPO. 317. 294. Abs. 3.

Betreiben der Parteien (nicht von Amtswegen)[1] erfolgt, fällt beim Landgericht die im amtsgerichtlichen Verfahren zulässige Vermittlung des Gerichtsschreibers fort; der Gerichtsvollzieher muß hier direct mit der Zustellung beauftragt werden.

Rechtsmittel.

Von Rechtsmitteln kennt die Civilproceßordnung folgende drei Arten:

die Berufung,
die Revision,
die Beschwerde.

Berufung und Revision.

Endurtheile können durch die Rechtsmittel der Berufung und Revision bei der zunächst höheren Instanz angefochten werden. Unter Endurtheil versteht das Gesetz ein solches Urtheil, welches den Rechtsstreit abschließend entscheidet. Eine Art des Endurtheils ist das Theilurtheil, welches nur über einen Theil des in dem Rechtsstreite erhobenen Anspruchs definitiv entscheidet. Ebenso eine Art des Endurtheils ist das bedingte Endurtheil, welches die definitive Entscheidung des Rechtsstreites von der Leistung eines Parteieneides abhängig macht und gleichzeitig sowohl für den Fall der Leistung, als für denjenigen der Nicht-

---

[1] CPO. 288.

leistung des Eides eine Entscheidung trifft. Zwischenurtheil ist dagegen ein Urtheil, welches im Laufe des Processes zur Entscheidung einer Vorfrage abgegeben wird. Nur gegen Endurtheile sind die Rechtsmittel der Berufung und Revision statthaft. Zwischenurtheile und sonstige Entscheidungen des Gerichts sind mit diesen Rechtsmitteln nicht angreifbar. Ebensowenig kann in der Regel die Berufung (Revision) gegen ein Versäumnißurtheil eingelegt werden. Die Folgen eines solchen müssen vielmehr gewöhnlich vermittelst des Einspruchs beseitigt werden, und nur insoweit unterliegt es der Berufung, als dieselbe darauf gestützt wird, daß der Fall der Versäumung nicht vorgelegen habe.

Die Berufung gegen ein Urtheil des Amtsgerichts ist an das Landgericht, gegen ein vom Landgericht erlassenes Urtheil an das Oberlandesgericht zu richten. Beim Landgericht bildet stets die Civilkammer (niemals die Handelskammer) die Berufungsinstanz für diejenigen Processe, welche beim Amtsgerichte in erster Instanz verhandelt worden sind, so daß auch die Processe handelsrechtlicher Natur, welche in erster Instanz beim Amtsgerichte verhandelt wurden, in zweiter Instanz nicht von der Handelskammer, sondern von der Civilkammer des Landgerichts zu entscheiden sind.

Mit der Berufung an das Landgericht ist für die zur Zuständigkeit des Amtsgerichts gehörigen Sachen der Instanzenzug erledigt; ein weiteres Rechtsmittel gegen die vom Landgericht als Berufungsgericht erlassenen Entscheidungen giebt es nicht. Dagegen giebt es für diejenigen Sachen, welche beim Landgericht in erster Instanz anhängig waren, unter Umständen noch ein weiteres Rechtsmittel gegen die Entscheidung des Oberlandesgerichts: das Rechtsmittel der Revision, für welches das Reichsgericht zuständig ist.

Das Rechtsmittel der Revision ist jedoch nur zulässig wegen Gesetzesverletzungen, die dem Urtheile der zweiten Instanz vorgeworfen werden; und zwar:

a) bei Rechtsstreitigkeiten über vermögensrechtliche Gegenstände nur dann, wenn der Beschwerdegegenstand über 1500 Mark beträgt;

b) ohne Rücksicht auf den Werth des Beschwerdegegenstandes, insoweit es sich um die Unzuständigkeit des Gerichts, die Unzulässigkeit des Rechtsweges oder die Unzulässigkeit der Berufung handelt;

c) in allen Proceßsachen über solche Ansprüche, für die das Landgericht in erster Instanz ohne Rücksicht auf den Werth des Streitgegenstandes ausschließlich zuständig ist, so namentlich in Ehe- und Entmündigungssachen.

Die Berufung sowohl wie die Revision müssen gleichmäßig innerhalb eines Monats eingelegt werden.[1] Diese Frist ist eine Nothfrist, welche in der Regel mit der Zustellung des Urtheils beginnt. Wird jedoch innerhalb der Berufungsfrist das abgegebene Urtheil durch eine nachträgliche Entscheidung ergänzt (vergl. oben S. 29), so beginnt mit der Zustellung dieser nachträglichen Entscheidung die Berufungsfrist auch gegen das zuerst ergangene Urtheil von Neuem zu laufen.[2]

Diejenige Partei, welche von dem Rechtsmittel Gebrauch machen will — der Berufungskläger — muß zunächst den Schriftsatz, welcher die Anmeldung der Berufung und die Vorladung des Berufungsbeklagten zur mündlichen Verhandlung enthält, beim Gerichtsschreiber des Berufungs-

---

[1] CPO. 477. 514.

[2] CPO. 478.

gerichts zum Zwecke der Terminsbestimmung einreichen,[1] und zugleich eine für die Anlegung der Proceßakte bestimmte Abschrift übergeben.[2]

Der Gerichtsschreiber legt den Schriftsatz innerhalb 24 Stunden dem Vorsitzenden behufs Bestimmung des Termins vor, welcher so festzusetzen ist, daß er frühestens einen Monat nach Zustellung des Schriftsatzes stattfindet. — Alsdann giebt der Gerichtsschreiber dem Berufungskläger den Schriftsatz zurück, welcher ihn nun durch einen Gerichtsvollzieher dem Berufungsbeklagten zustellen lassen muß — und zwar alles dies vor Ablauf der Nothfrist, welche nicht etwa schon durch die Einreichung des Schriftsatzes zwecks Terminsbestimmung gewahrt wird. Der Gerichtsschreiber des Berufungsgerichts hat ferner innerhalb 24 Stunden nach der Einreichung von dem Gerichtsschreiber des Gerichts der ersten Instanz die Proceßakten einzufordern, und hier ist Eile um so mehr geboten, als dadurch der Gerichtsschreiber der ersten Instanz vor irrthümlicher Ertheilung eines Attestes der Rechtskraft bewahrt wird.

So lange die mündliche Verhandlung noch nicht begonnen hat, kann der Berufungskläger auch ohne Einwilligung des Berufungsbeklagten die Berufung zurücknehmen. Die Zurücknahme erfolgt gleichfalls durch Zustellung eines Schriftsatzes, von welchem eine Abschrift ebenfalls sofort nach erfolgter Zustellung auf der Gerichtsschreiberei niederzulegen ist.[3]

Innerhalb der ersten zwei Dritttheile der Zeit, welche zwischen der Zustellung der Berufungsfrist und dem Termin

---

1 CPO. 479. 193.
2 CPO. 124.
3 CPO. 476.

zur mündlichen Verhandlung liegt, hat der Berufungsbeklagte einen vorbereitenden Schriftsatz, welcher die Beantwortung der Berufung enthält, dem Berufungskläger zustellen zu lassen. Auch hiervon ist eine für die Proceßakte bestimmte Abschrift beim Gerichtsschreiber einzureichen.

Für die Einleitung des Revisionsverfahrens sind die gleichen Vorschriften maßgebend; und überhaupt für das Verfahren bei den höheren Instanzen die Normen, welche für den Anwaltsproceß gelten. Im Verhandlungstermin prüft das Berufungs- (Revisions-)gericht von Amtswegen, ob die Berufung (Revision) an sich statthaft und ob sie in der gesetzlichen Form und Frist eingelegt sei, und der in den durch die Parteianträge bestimmten Grenzen aufs Neue verhandelte Rechtsstreit gelangt entweder zur definitiven Entscheidung oder wird zur nochmaligen Verhandlung an die Vorinstanz zurückverwiesen. Für die Sachverhandlung selbst ergiebt sich ein Unterschied zwischen dem Verfahren vor der Berufungs- und dem der Revisionsinstanz, welcher durch die Natur der Revision bedingt wird. Bei der Revision können, wie oben erwähnt wurde, nur Rechtsfragen zur Erörterung und Entscheidung gelangen. Dagegen kann bei der Berufungsinstanz auch der Thatbestand des in voriger Instanz ergangenen Urtheils angefochten werden und daher können die Parteien auch solche Angriffs- und Vertheidigungsmittel, welche in erster Instanz nicht geltend gemacht sind, insbesondere neue Thatsachen und Beweismittel vorbringen;[1] auch kann nöthigenfalls eine Wiederholung der in der ersten Verhandlung vorgenommenen Beweisaufnahme stattfinden.

---

[1] CPO. 491.

Nachdem die Berufung (Revision) ihre Erledigung gefunden hat, hat der Gerichtsschreiber die früher von der Vorinstanz eingeforderten Proceßakten dem Gerichtsschreiber derselben zurückzugeben, unter Beifügung einer beglaubigteu Abschrift des in der Berufungsinstanz erlassenen Urtheils. Das Original-Urtheil bleibt bei den Acten des höheren Gerichts.[1]

Beschwerde.

Die Beschwerde ist ein Rechtsmittel, welches in einer Reihe vom Gesetze speciell hervorgehobener Fälle und im Allgemeinen stets dann erhoben werden kann, wenn ein das Verfahren betreffendes Gesuch durch eine Entscheidung zurückgewiesen ist, welche eine vorgängige mündliche Verhandlung nicht erforderte. (Beispiele: Zurückweisung des Gesuchs um Anberaumung eines Verhandlungstermins, Zurückweisung des Gesuchs um Beweisaufnahme zum ewigen Gedächtniß, um Ertheilung des Armenrechts, der Vollstreckungsklausel u. dgl. m.)[2] Ist es die Entscheidung eines beauftragten oder ersuchten Richters oder des Gerichtsschreibers, durch welche sich die Partei verletzt erachtet, so hat sie zunächst die Entscheidung des Proceßgerichts nachzusuchen,[3] weil der betreffende Richter oder Gerichtsschreiber lediglich als Beauftragter des Gerichts handelt und die Abänderung seiner Anordnungen durch das letztere auf dem kürzesten und einfachsten Wege herbeigeführt werden kann. Das Proceßgericht hat das Gesuch, wenn es demselben nicht entsprechen will, dem Beschwerdegericht vorzu-

---

1 CPO. 506.
2 CPO. 530.
3 CPO. 539.

legen. Uebrigens muß in allen Fällen die Beschwerde, deren Entscheidung dem im Instanzenzuge nächst höheren Gericht anheimfällt, bei demjenigen Gerichte eingelegt werden, von welchem die angefochtene Entscheidung erlassen ist. Die Einlegung erfolgt im Allgemeinen durch eine Beschwerdeschrift, kann aber auch zu Protokoll des Gerichtsschreibers erfolgen, wenn der Rechtsstreit bei einem Amtsgericht anhängig ist, wenn die Beschwerde das Armenrecht betrifft, oder von einem Zeugen oder Sachverständigen erhoben wird.

Während für die Erhebung der Beschwerde im Allgemeinen eine Frist nicht vorgeschrieben ist, tritt eine Ausnahme hiervon bei den Fällen der sofortigen Beschwerde ein. Die sofortige Beschwerde ist nämlich die allein statthafte bei einer Anzahl von im Gesetze speciell aufgeführten Entscheidungen, zu denen namentlich gehören: die Zurückweisung der Ablehnung einer Gerichtsperson oder eines Sachverständigen (§§. 46, 49, 371), der Kostenfestsetzungsbeschluß (§. 99), die ablehnende Entscheidung auf ein Gesuch um Aussetzung des Verfahrens (§. 219) oder um Berichtigung des Urtheils (§. 290), die Versagung des Versäumnißurtheils (§. 301), die Entscheidung, durch welche ein Arrest aufgehoben wird (§. 813, Abs. 4), die Verurtheilung eines Gerichtsschreibers, gesetzlichen Vertreters u. s. w. in die Proceßkosten (§. 97) u. dgl. m. — alles Fälle, in denen die anzugreifenden Entscheidungen auf Rechte des Gegners oder eines Dritten einwirken, und bei denen der baldige Eintritt der Rechtskraft für den ungestörten Fortgang des Verfahrens und für das entgegenstehende Interesse der Betheiligten nothwendig erscheint. In allen diesen Fällen läßt daher das Gesetz nur die sofortige Beschwerde zu und verlangt, daß diese binnen einer Nothfrist von zwei Wochen eingelegt werde, welche mit der Zustellung der Entscheidung (in den Fällen der §§. 301 und 829 jedoch mit deren Verkündigung) beginnt. Wenn auch eigentlich die Beschwerde bei dem Gerichte eingelegt werden soll, gegen dessen Entscheidung sie gerichtet ist, so genügt doch auch die Einlegung bei dem Beschwerdegericht, also der höheren Instanz, zur Wahrung der Nothfrist.[1]

Zur Erledigung der eingelegten Beschwerde giebt es zwei Wege. Entweder nämlich erachtet das Gericht, dessen Entscheidung angefochten wird, die Beschwerde für begründet, dann hat es derselben ohne Weiteres abzuhelfen; oder es erachtet dieselbe für unbegründet, dann muß sie vor Ablauf einer Woche dem Beschwerdegerichte (also der nächst höheren Instanz) vorgelegt werden. Erforderlichen Falles müssen der Beschwerde natürlich die Proceßakten beigefügt werden. Die Entscheidung über die Beschwerde kann entweder nach vorgängiger mündlicher Verhandlung oder ohne solche erfolgen, doch kann das Beschwerdegericht auch geeigneten Falles eine schriftliche Erklärung der Gegenpartei anordnen, welche in den Fällen, in welchen die Beschwerde zum Protokoll des Gerichtsschreibers eingelegt werden darf, ebenfalls zu Protokoll abgegeben werden kann.[2] Zu bemerken ist noch, daß die Abgabe der Beschwerde an die höhere Instanz in den Fällen der sofortigen Beschwerde stets zu erfolgen hat, da in diesen Fällen das Gericht zu einer Abänderung seiner durch die Beschwerde angegriffenen Verfügung nicht befugt ist.[3]

---

[1] CPO. 540.
[2] CPO. 536.
[3] CPO. 540. Abs. 3.

Gegen die Entscheidung des Beschwerdegerichts kann an sich, weil dem Beschwerdegesuch nicht entsprochen worden ist, nicht abermals die Beschwerde eingelegt werden; zulässig ist sie nur dann, wenn etwa in der Entscheidung ein neuer selbstständiger Beschwerdegrund enthalten ist.[1]

Wiederaufnahme des Verfahrens.

Unter gewissen Umständen kann der in einem früheren Verfahren erledigte Rechtsstreit wieder aufgenommen werden, obwohl derselbe bereits durch ein nach Maßgabe der gewöhnlichen Grundsätze rechtskräftiges und daher durch Einspruch oder Rechtsmittel nicht mehr anfechtbares Endurtheil abgeschlossen ist. Die Wiederaufnahme des Verfahrens hat die Aufhebung des ergangenen rechtskräftigen Endurtheils zum Zweck und kann begehrt werden, entweder wegen Nichtigkeit des angefochtenen Urtheils, (Nichtigkeitsklage) oder aus Rücksichten der Billigkeit (Restitutionsklage). Die letztere Klage ist jedoch nur dann zulässig, wenn die Partei ohne ihr Verschulden außer Stande war, den Restitutionsgrund in dem früheren Verfahren, insbesondere durch Einspruch oder Berufung geltend zu machen.[2]

Zuständig für die Nichtigkeits- sowohl wie für die Restitutionsklage ist ausschließlich das Gericht, von welchem das angefochtene Urtheil erlassen worden ist. Richtet sich die eine oder die andere Klage gegen einen im Mahnverfahren erlassenen Vollstreckungsbefehl, so ist das Amtsgericht, welches den Befehl erlassen hat, zuständig, falls der Anspruch zur Zuständigkeit der Amtsgerichte gehört; in allen

---

[1] CPO. 531. Abs. 2.

[2] CPO. 545.

anderen Fällen sind die Klagen bei dem Gerichte anhängig zu machen, vor welchem nach den sonstigen Bestimmungen über die Zuständigkeit der Anspruch zu verhandeln wäre.[1]

Die Nichtigkeitsklage gegen ein ergangenes Urtheil ist zulässig wegen Verletzung gewisser formeller, für das Verfahren aber wesentlicher Proceßvorschriften, nämlich:

1) wenn das erkennende Gericht nicht vorschriftsmäßig besetzt war;
2) wenn ein Richter bei der Entscheidung mitgewirkt hat, welcher von der Ausübung des Richteramts kraft des Gesetzes ausgeschlossen war, sofern nicht dieses Hinderniß mittelst eines Ablehnungsgesuchs oder eines Rechtsmittels geltend gemacht ist;
3) wenn bei der Entscheidung ein Richter mitgewirkt hat, obgleich derselbe wegen Besorgniß der Befangenheit abgelehnt und das Ablehnungsgesuch für begründet erklärt war;
4) wenn eine Partei in dem Verfahren nicht nach Vorschrift der Gesetze vertreten war, sofern sie nicht die Proceßführung ausdrücklich oder stillschweigend genehmigt hat.

Die Restitutionsklage dagegen stützt sich darauf, daß der Partei durch das Urtheil ein materielles Unrecht zugefügt sei, indem dasselbe Thatsachen als wahr oder unwahr angenommen hat, von denen sich jetzt das Gegentheil nachweisen läßt. Sie wird vom Gesetze zugelassen in den folgenden Fällen:

1) wenn der Gegner durch die Leistung eines Parteieides, auf welche das Urtheil gegründet ist, sich einer

[1] CPO. 547.

vorsätzlichen oder fahrlässigen Verletzung der Eidespflicht schuldig gemacht hat;

2) wenn eine Urkunde, auf welche das Urtheil gegründet ist, fälschlich angefertigt oder verfälscht war;

3) wenn durch Beeidigung eines Zeugnisses oder eines Gutachtens, auf welches das Urtheil gegründet ist, der Zeuge oder der Sachverständige sich einer vorsätzlichen oder fahrlässigen Verletzung der Eidespflicht schuldig gemacht hat;

4) wenn das Urtheil von dem Vertreter der Partei oder dem Gegner oder dessen Vertreter durch eine in Beziehung auf den Rechtsstreit verübte Handlung erwirkt ist, welche mit einer im Wege des gerichtlichen Strafverfahrens zu verhängenden öffentlichen Strafe bedroht ist;

5) wenn ein Richter bei dem Urtheile mitgewirkt hat, welcher sich in Beziehung auf den Rechtsstreit einer Verletzung seiner Amtspflichten gegen die Parteien schuldig gemacht hat, sofern diese Verletzung mit einer im Wege des gerichtlichen Strafverfahrens zu verhängenden öffentlichen Strafe bedroht ist;

6) wenn ein strafgerichtliches Urtheil, auf welches das Urtheil gegründet ist, durch ein anderes rechtskräftig gewordenes Urtheil aufgehoben ist;

7) wenn die Partei

a) ein in derselben Sache erlassenes, früher rechtskräftig gewordenes Urtheil, oder

b) eine andere Urkunde auffindet oder zu benutzen in den Stand gesetzt wird, welche eine ihr günstigere Entscheidung herbeigeführt haben würde.

Doch soll die Restitutionsklage in denjenigen Fällen,

in welchen behauptet wird, daß das Urtheil durch eine der in Nr. 1—5 aufgeführten strafbaren Handlungen beeinflußt worden sei, nur dann zugelassen werden, wenn wegen der strafbaren Handlung eine rechtskräftige Verurtheilung ergangen ist, oder wenn die Einleitung oder Durchführung eines Strafverfahrens aus anderen Gründen, als wegen Mangels an Beweis (wie z. B. wegen Abwesenheit, Tod, Verjährung) nicht erfolgen kann.[1]

Eine Partei, welche von dem Anfechtungsgrunde Kenntniß erhalten hat, welcher ihr Recht zur Anstellung einer Restitutionsklage oder Nichtigkeitsklage zu geben vermöchte, muß von diesem Rechte binnen der Nothfrist eines Monats Gebrauch machen, und zwar beginnt die Nothfrist mit eben dem Tage zu laufen, an welchem sie von dem Anfechtungsgrunde Kenntniß erhalten hat. — Nach Ablauf von fünf Jahren jedoch seit dem Eintritt der Rechtskraft des Urtheils sind beide Klagen unstatthaft.[2]

Was Form und Inhalt der Klage betrifft, so kann dieselbe in allen den Fällen, in welchen das betreffende Verfahren vor ein Amtsgericht gehört, selbstständig beim Gerichtsschreiber zu Protokoll erklärt werden. Die Klage muß außer der Bezeichnung des Urtheils, gegen welches die Nichtigkeits- oder Restitutionsklage gerichtet wird, und der Erklärung, welche dieser Klagen erhoben werde, enthalten:

1) die Bezeichnung des Anfechtungsgrundes;
2) die Angabe der Beweismittel für die Thatsachen, welche den Grund und die Einhaltung der Nothfristen ergeben, wobei zu bemerken, daß der Beweis

---

[1] CPO. 542—544.
[2] CPO. 549.

der Thatsachen, welche die Restitutionsklage begründen sollen, durch Eideszuschiebung nicht geführt werden kann;[1]

3) die Erklärung, inwieweit die Beseitigung des angefochtenen Urtheils und welche andere Entscheidung in der Hauptsache beantragt wird.

Dem Schriftsatze, durch welchen die Restitutionsklage erhoben wird, sind die Urkunden, auf welche dieselbe gestützt wird, in Urschrift oder in Abschrift beizufügen. Befinden sich die Urkunden nicht in Händen des Klägers, so hat er zu erklären, welchen Antrag er wegen Herbeischaffung derselben zu stellen beabsichtigt.[2]

Im Uebrigen finden auf das Verfahren die allgemeinen Vorschriften über das Proceßverfahren Anwendung, auch finden gegen die in demselben ergangenen Entscheidungen die gewöhnlichen Rechtsmittel statt.[3]

Das Mahnverfahren.

Der bedingte Zahlungsbefehl.

Das Mahnverfahren hat den Zweck, unstreitige Ansprüche auf dem kürzesten Wege und möglichst unter Vermeidung kostspieliger gerichtlicher Proceduren zu erledigen. Es besteht darin, daß auf Gesuch des Gläubigers ein bedingter Zahlungsbefehl an den Schuldner erlassen wird,

[1] CPO. 544.
[2] CPO. 551.
[3] CPO. 548. 554.

d. h. ein Befehl, innerhalb einer kurzen Frist den Gläubiger wegen seines Anspruches, bei Vermeidung sofortiger Zwangsvollstreckung, zu befriedigen. Das Mahnverfahren ist aber nur zulässig wegen eines Anspruches auf Zahlung einer bestimmten Geldsumme oder auf Leistung einer bestimmten Quantität anderer vertretbarer Sachen oder Werthpapiere. (Es kann also ein Zahlungsbefehl nicht erlassen werden wegen des Anspruchs auf Lieferung einer individuell bestimmten Sache.) Ist, wie z. B. bei einem Kaufgeschäfte, die wirksame Geltendmachung eines solchen Anspruches durch eine Gegenleistung von Seiten des Gläubigers bedingt, so kann der Zahlungsbefehl nur dann erlassen werden, wenn die Gegenleistung bereits erfolgt ist. Daß dies geschehen, muß daher in dem Gesuch um Erlassung des Zahlungsbefehls angeführt werden.[1]

Für das Mahnverfahren ist stets ohne Rücksicht auf die Höhe des Anspruchs das Amtsgericht zuständig, und zwar ausschließlich dasjenige Amtsgericht, bei welchem der Schuldner seinen allgemeinen Gerichtsstand hat, oder bei welchem, wenn für eine Klage wegen des Anspruchs ein dinglicher Gerichtsstand begründet wäre, die diesbezügliche Klage erhoben werden könnte.

Zur Stellung des Gesuchs um Erlaß eines Zahlungsbefehls ist weder das persönliche Erscheinen des Gläubigers, noch der Nachweis einer von diesem ertheilten Vollmacht erforderlich. Das Gesuch muß enthalten:

1) die Bezeichnung der Parteien nach Namen, Stand oder Gewerbe und Wohnort;
2) die Bezeichnung des Gerichts;

[1] CPO. 628.

3) die bestimmte Angabe des Betrages oder Gegenstandes und des Grundes des Anspruches;
4) das Gesuch um Erlaß des Zahlungsbefehls.

Das Gesuch kann beim Gerichtsschreiber schriftlich eingereicht oder mündlich bestellt werden, in welchem letzteren Falle die Aufnahme eines Protokolls nicht erforderlich ist,[1] vielmehr wird das Gesuch nur in ein nach Anordnung des Gerichts anzulegendes „Mahnregister" eingetragen. Der Richter, welchem die eingegangenen Gesuche vom Gerichtsschreiber vorzulegen sind, prüft nun von Amtswegen, ob das Gesuch zulässig sei oder nicht, in welchem letzteren Falle dasselbe zurückgewiesen wird. Eine Anfechtung der zurückweisenden Verfügung ist nicht statthaft.[2] Wird dagegen der Zahlungsbefehl gewährt, so hat der Gerichtsschreiber die Ausfertigung desselben zu besorgen und ihn dem **Gläubiger** von Amtswegen zuzustellen.[3] Auch dem Schuldner hat der Gerichtsschreiber eine beglaubigte Abschrift des Zahlungsbefehls ohne das Gesuch zustellen zu lassen, falls der Gläubiger sich nicht die Besorgung der Zustellung ausdrücklich vorbehalten haben sollte.[4]

Der Zahlungsbefehl hat zu enthalten:
1) die Bezeichnung der Parteien nach Namen, Stand, Gewerbe oder Wohnort;
2) die Bezeichnung des Gerichts;
3) die Bezeichnung des Betrages oder Gegenstandes und des Grundes des Anspruchs nebst den Zinsen und den Kosten des Verfahrens;
4) den Befehl an den Schuldner, binnen einer vom

[1] CPO. 642.
[2] CPO. 631.
[3] CPO. 294, Abs. 3.
[4] CPO. 642. 152. 154.

Tage der Zustellung an laufenden Frist von zwei Wochen bei Vermeidung sofortiger Zwangsvollstreckung den Gläubiger zu befriedigen oder Widerspruch zu erheben.[1]

Der Widerspruch.

Will der Schuldner den Widerspruch erheben — und er kann dies nicht blos während der Dauer der im Zahlungsbefehl bestimmten Frist thun, sondern auch später noch so lange, als der Gläubiger nicht auf Grund des Ablaufs der Frist die ihm zustehenden weiteren Schritte gethan hat — so muß er eine diesbezügliche Erklärung, schriftlich oder mündlich an den Gerichtsschreiber richten.

Der förmlichen Aufnahme eines Protokolles bedarf es bei der mündlichen Anbringung des Widerspruchs ebenso wenig, wie bei dem mündlich gestellten Gesuch um Erlaß des Zahlungsbefehls (vielmehr wäre die Erhebung des Widerspruchs nur im „Mahnregister" vorzumerken), auch der Nachweis einer Vollmacht ist ebenso wenig nöthig, wie in dem letztgenannten Falle. Dem Schuldner muß auf Verlangen eine Bescheinigung über die rechtzeitige Erhebung des Widerspruchs ertheilt werden, und dem Gläubiger ist von Amtswegen von der Erhebung des Widerspruchs Kenntniß zu geben.[2]

Durch die rechtzeitige Erhebung des Widerspruchs gegen den Anspruch oder auch nur einen Theil desselben verliert der Zahlungsbefehl seine Kraft und wird das Verfahren in die Bahnen des regelmäßigen Processes hinübergeleitet. Das weitere Verfahren aber ist verschieden, je nachdem die Sache zufolge der allgemeinen Grundsätze über

[1] CPO. 632.

[2] CPO. 634. 643.

die sachliche Zuständigkeit vor die Amtsgerichte oder die Landgerichte gehört. Gehört sie vor ein Amtsgericht, so wird die Klage als mit der Zustellung des Zahlungsbefehls erhoben angesehen, und jede Partei kann nun (entweder durch Vermittlung des Gerichtsschreibers oder direct durch den Gerichtsvollzieher) den Gegner zur mündlichen Verhandlung laden lassen. Ueber die Form der Ladung gelten die oben (beim amtsgerichtlichen Verfahren) erwähnten Vorschriften. Die Ladungsfrist beträgt mindestens drei Tage. Gehört die Sache aber, wegen deren der Widerspruch erhoben worden ist, vor das Landgericht, so genügt der Zahlungsbefehl als Grundlage für das weitere Verfahren nicht, vielmehr muß nun der Gläubiger wegen seines Anspruches eine ordentliche Klage beim Landgerichte anstellen, und zwar innerhalb sechs Monaten, widrigenfalls die Wirkungen der Rechtshängigkeit erlöschen.[1] Während bei rechtzeitiger Erhebung der Klage die Kosten des Mahnverfahrens als ein Theil der Kosten des entstehenden Rechtsstreites behandelt werden, hat im entgegengesetzten Falle der Gläubiger die Kosten des Mahnverfahrens zu tragen, also auch dem Gegner die diesem durch Erhebung des Widerspruchs entstandenen Kosten zu ersetzen.[2]

Der Vollstreckungsbefehl.

Wird innerhalb der gesetzmäßigen Frist abseiten des Schuldners kein Widerspruch gegen den Zahlungsbefehl erhoben, so kann der Gläubiger beantragen, daß der Zahlungsbefehl für vorläufig vollstreckbar erklärt werde.

Er hat zu diesem Zwecke dem Gerichtsschreiber den

---

[1] CPO. 636. 637.

[2] CPO. 638, vergl. 243. Abs. 3.

Zahlungsbefehl mit der Zustellungsurkunde vorzulegen (dies jedoch entweder in Person oder durch einen legitimirten Bevollmächtigten).

Nachdem der Amtsrichter sodann — nach Einsicht dieser Dokumente und des Mahnregisters — den Vollstreckungsbefehl verfügt hat, ist derselbe vom Gerichtsschreiber auf den Zahlungsbefehl zu setzen, und in denselben sind die vom Gläubiger zu berechnenden Kosten des bisherigen Verfahrens aufzunehmen.[1]

Der Vollstreckungsbefehl — oder wenn derselbe abgelehnt wird, die denselben ablehnende Verfügung — sind dem Gläubiger von Amtswegen zuzustellen.[2] Die Zustellung des Vollstreckungsbefehls an den Schuldner ist zwar nach allgemeinen Grundsätzen Sache des Gläubigers; der Gerichtsschreiber wird sich aber auch hiermit zu befassen haben, falls ihm nicht der Gläubiger das Gegentheil erklärt.[3]

Der Vollstreckungsbefehl steht einem für vorläufig vollstreckbar erklärten, auf Versäumniß erlassenen Endurtheile gleich, und es kann daher der Gläubiger, auf denselben gestützt, sofort zum Vollzuge der Zwangsvollstreckung gegen den Schuldner schreiten. Nichtsdestoweniger ist aber damit für den Schuldner, welcher die Widerspruchsfrist ungenützt hat verstreichen lassen, das Widerspruchsrecht noch nicht unwiederbringlich verloren, vielmehr kann er nun noch gegen den Vollstreckungsbefehl den Einspruch in der Form und mit der Wirkung erheben, mit welcher derselbe gegen ein Versäumnißurtheil erhoben werden kann. Dadurch wird

---

1 CPO. 639.
2 CPO. 294.
3 CPO. 288. 152. 154.

— unbeschadet dem Vollzuge der Zwangsvollstreckung — eine neue Verhandlung der Sache erforderlich, für welche hinsichtlich der Zuständigkeit die bereits wiederholt erörterten Bestimmungen maßgebend sind. Nur die Frage, ob der Einspruch in der gesetzlichen Form und Frist eingelegt ist, ist vorab stets beim Amtsgericht zur Verhandlung und Entscheidung zu bringen.[1]

Auch der Kläger ist im Gebrauche seines Rechtes gegen den Schuldner an eine bestimmte Frist gebunden. Er muß, wenn abseiten des Schuldners Widerspruch gegen den Zahlungsbefehl nicht erhoben worden ist, den Vollstreckungsbefehl binnen 6 Monaten (vom Ablauf der im Zahlungsbefehl bestimmten Frist) nachsuchen, widrigenfalls der Zahlungsbefehl seine Kraft verliert, so daß auf Grund desselben die Zwangsvollstreckung nicht mehr verstattet werden darf.

Urkunden- und Wechselproceß.

Der Urkundenproceß — von welchem der Wechselproceß nur eine Unterart ist — ist dazu bestimmt, demjenigen, der seinen Anspruch durch Urkunden beweisen kann, auf schleunigem Wege ein sofort vollstreckbares Urtheil zu verschaffen. Im Urkundenprocesse können aber — ebenso wie im Mahnverfahren — nur Ansprüche auf Zahlung einer bestimmten Geldsumme oder auf Leistung einer bestimmten Menge anderer vertretbarer Sachen oder anderer Werth-

---

[1] CPO. 640.

papiere geltend gemacht werden, und auch solche Ansprüche nur dann, wenn die sämmtlichen zur Begründung des Anspruches erforderlichen Thatsachen durch Urkunden bewiesen werden können.[1] Die Klage — welche sonst wie im ordentlichen Verfahren erhoben wird — muß daher mit den Urkunden, welche zur Begründung des Anspruchs dienen sollen, in Urschrift oder Abschrift versehen sein (im Termine aber müssen die Urkunden stets in Urschrift vorgelegt werden); sie muß ferner die ausdrückliche Erklärung enthalten, daß im Urkundenproceß geklagt werden soll. In jedem Falle muß der Kläger bei der Anstellung eines Urkundenprocesses sehr vorsichtig zu Werke gehen. Es sind nämlich im Urkundenproceß als Beweismittel für die Wahrheit der Thatsachen, welche zur Begründung des erhobenen Anspruchs dienen sollen, nur Urkunden und Eideszuschiebung zulässig. Liegt nun in dieser Beziehung ein Mangel vor, indem sich im Verhandlungstermin herausstellt, daß der Kläger seine Beweismittel nicht in genügender Weise beschafft hat, so geht die Sache nicht etwa zum ordentlichen Verfahren, sondern es wird die Klage als in der gewählten Proceßart unstatthaft, einfach abgewiesen, und zwar selbst dann, wenn der Beklagte im Verhandlungstermin nicht erschienen ist oder der Klage nur auf Grund von Einwendungen widersprochen hat, welche rechtlich unbegründet sind.[2]

Es erfolgt dagegen auf Grund einer nach den gesetzlichen Vorschriften eingereichten Klage die Verurtheilung des Beklagten trotz etwaiger Einwendungen desselben, wenn er den Beweis nicht sofort mit den im Urkundenproceß zulässigen Beweismitteln — also Urkunden und Eideszuschie-

[1] CPO. 555.

[2] CPO. 558. 560.

bung — zu führen vermag. In allen Fällen aber, in denen der Beklagte verurtheilt wird, ist ihm die Ausführung seiner Rechte im abgesonderten (ordentlichen) Verfahren vorzubehalten. Enthält das Urtheil solchen Vorbehalt nicht, so kann der Beklagte die Ergänzung des Urtheils verlangen[1] (über das Verfahren hierbei, vgl. oben S. 29 ff.).

Der Beklagte, welchem seine Rechte vorbehalten sind, kann den Proceß im ordentlichen Verfahren fortsetzen und sich hierzu nun aller sonst zulässigen Beweismittel bedienen. Beabsichtigt er die Fortsetzung, so muß er den Kläger zu einem weiteren Verhandlungstermine laden lassen, nachdem er vorher durch Vermittlung des Gerichtsschreibers eine Terminsbestimmung erwirkt hat. Selbstverständlich kann er da, wo ein Urkundenproceß vor dem Amtsgericht verhandelt worden ist, auch für die Zustellung der Ladung zur weiteren Verhandlung die Vermittlung des Gerichtsschreibers in Anspruch nehmen. Bei Ansetzung des Termins braucht, da der Proceß schon anhängig ist, nicht die Einlassungsfrist, sondern nur die Ladungsfrist gewahrt zu werden; sie beträgt in Anwaltsprocessen eine Woche, in anderen Processen drei Tage; in Meß- und Marktsachen 24 Stunden.[2]

Wird im Urkundenproceß aus einem Wechsel geklagt, so ist in der Klage ausdrücklich zu erklären, daß im Wechselprocesse geklagt wird. Der Wechsel ist ebenfalls in Urschrift oder Abschrift der Klage beizufügen; im Termin aber stets urschriftlich vorzulegen. Der Unterschied zwischen dem gewöhnlichen Urkunden- und dem Wechselproceß liegt nur in den Vorschriften über die Einlassungsfrist und über die Zuständigkeit. Die Einlassungsfrist beträgt nämlich — einerlei

[1] CPO. 562.

[2] CPO. 563. 194.

ob die Wechselklage beim Amtsgericht oder beim Landgericht angestellt wird —, wenn die Klage am Sitze des Gerichts zugestellt, mindestens 24 Stunden, wenn sie an einem andern Orte im Bezirke des Gerichts zugestellt wird, mindestens drei Tage; wenn sie an einem anderen deutschen Orte zugestellt wird, mindestens eine Woche. Hinsichtlich der Zuständigkeit ferner bestimmt das Gesetz, daß mehrere Wechselverpflichtete (Aussteller, Acceptanten, Indossenten, Wechselbürgen) gemeinschaftlich nicht nur bei dem Gerichte des Zahlungsortes des Wechsels, sondern auch bei jedem Gerichte verklagt werden können, bei welchem einer von ihnen seinen allgemeinen Gerichtsstand hat.

Arrestverfahren und einstweilige Verfügungen.

Zur Sicherung der Zwangsvollstreckung kann der Gläubiger, sowohl während der Dauer des Processes, wie auch ehe er überall die Klage gegen den Schuldner geltend gemacht hat, die Einleitung eines Arrestverfahrens gegen denselben beantragen.[1] Der Arrest ist eine Execution noch vor dem Urtheil; er ist daher, damit dem Schuldner nicht in leichtsinniger Weise ein Nachtheil zugefügt werden kann, von dem Richter nur dann zu gestatten, wenn ihm der Gläubiger Belege für die Existenz seines Anspruchs zu geben und überdem darzuthun vermag, daß durch längeres Säumen die Befriedigung des-

[1] CPO. 796.

selben gefährdet werden könnte (Arrestgrund),[1] oder wenn der Gläubiger in Ermangelung solchen Nachweises wegen der dem Gegner durch die Vollziehung des Arrestes drohenden Nachtheile eine nach freiem Ermessen des Gerichtes zu bestimmende Sicherheit bestellt.

Das Gesetz unterscheidet zwei Arten des Arrestes: den dinglichen und den persönlichen Sicherheitsarrest. Der letztere findet nur dann statt, wenn er erforderlich ist, um die (durch muthmaßliche Verschleppungen u. dgl.) gefährdete Zwangsvollstreckung in das Vermögen des Schuldners zu sichern.[2]

Zuständig für die Anordnung des Arrestes ist sowohl das Gericht der Hauptsache, wie das Amtsgericht, in dessen Bezirke der mit Arrest zu belegende Gegenstand oder die in ihrer persönlichen Freiheit zu beschränkende Person sich befindet. Das Gesuch kann entweder schriftlich eingereicht oder vor dem Gerichtsschreiber zu Protokoll erklärt werden; es soll die Bezeichnung des (in der Regel zu bescheinigenden) Anspruches unter Angabe des Geldbetrages oder des Geldwerthes, sowie die Bezeichnung des Arrestgrundes enthalten.[3] Nach Einreichung oder Protokollirung des Gesuchs ist dasselbe vom Gerichtsschreiber dem Richter zur Beschlußfassung vorzulegen.

Erläßt hierauf das Gericht einen Arrestbefehl — was ohne voraufgehende mündliche Verhandlung geschehen kann — so muß der Gläubiger diesen dem Schuldner zustellen lassen.[4] Er erhält daher von dem Gerichtsschreiber, sofern er dies

---

[1] CPO. 800.
[2] CPO. 797. 798.
[3] CPO. 800.
[4] CPO. 802.

verlangt, zu dem vorgedachten Zwecke eine Ausfertigung des Arrestbefehles; andernfalls aber hat der Gerichtsschreiber einen diesbezüglich stillschweigend an ihn gerichteten Auftrag des Gläubigers anzunehmen und daher direct die Zustellung des Arrestbefehls zu veranlassen.[1] In dem Arrestbefehle ist ein Geldbetrag festzustellen, durch dessen Hinterlegung die Vollziehung des Arrestes gehemmt und der Schuldner zu dem Antrage auf Aufhebung des vollzogenen Arrestes berechtigt wird.[2] — Die Vollziehung des Arrestes muß spätestens — sonst wird der Arrestbefehl unwirksam — innerhalb 14 Tagen nach Zustellung desselben erfolgen. Einer Vollstreckungsklausel bedarf es zu diesem Zwecke nicht; vielmehr wird einfach auf Grund des erlassenen Befehls die Zwangsvollstreckung gegen das gesammte Vermögen des Schuldners nach den für die sonstige Zwangsvollstreckung maßgebenden Grundsätzen vollzogen: mit der Maßgabe jedoch, daß in der Regel das gepfändete Gut nicht zu versteigern, sondern ebenso wie der Ertrag einer gepfändeten Forderung oder gepfändetes Geld nur zum gerichtlichen Gewahrsam (bis nach ausgemachter Sache) zu bringen ist. Zu seiner Befriedigung gelangt der Gläubiger daher erst durch ein in der Hauptsache ergehendes Endurtheil, und es liegt somit in seinem Interesse, falls die Hauptsache noch nicht anhängig ist, die Klage baldmöglichst anzustellen. Aber auch der Schuldner hat ein Recht hierauf; er kann bei dem Arrestgericht den Antrag stellen, daß die Partei, welche den Arrestbefehl erwirkt hat, binnen einer zu bestimmenden Frist die Klage zu erheben habe. Wird der diesbezüglich vom Gerichte erlassenen Anordnung

---

[1] CPO. 152. 154.

[2] CPO. 803.

nicht Folge geleistet, so ist auf Antrag des Schuldners die Aufhebung des Arrestes durch Endurtheil auszusprechen.

Es kann aber auch sofort, nachdem der Arrestbefehl erlassen worden ist, der von demselben betroffene Schuldner Widerspruch gegen denselben erheben. Er kann in diesem Falle seinen Widerspruch bei dem Gerichtsschreiber zu Protokoll anmelden und muß den Gegner unter Mittheilung der Gründe, welche er für die Aufhebung des Arrestes geltend machen will, zur mündlichen Verhandlung (nach erfolgter Terminsbestimmung durch das Gericht) laden.[1] Auch hier würde eine stillschweigende Beauftragung des Gerichtsschreibers mit Zustellung der Ladung anzunehmen sein, falls nicht die Partei ausdrücklich das Gegentheil erklärt hat. — Zwar wird durch die Erhebung des Widerspruchs die Vollziehung des Arrestes nicht gehemmt, es findet dann aber sofort die Verhandlung über die Rechtmäßigkeit des Arrestes statt, nach welcher dieser entweder ganz oder theilweise aufgehoben oder bestätigt wird, oder nur gegen Bestellung einer gerichtsseitig zu bestimmenden Sicherheitsleistung aufrecht erhalten wird.[2] Aber selbst nachdem der Arrest bestätigt worden ist, kann der Schuldner noch wegen veränderter Umstände die Aufhebung des Arrestes beantragen; insbesondere wegen Erledigung des Arrestgrundes oder auf Grund des Erbietens zu einer nach freiem Ermessen zu bestimmenden Sicherheitsleistung.[3]

In Bezug auf die einstweilige richterliche Verfügung, durch welche eine Veränderung des bestehenden Zustandes bis zum vollstreckbaren Urtheile dem Schuldner

---

[1] CPO. 804.
[2] CPO. 805.
[3] CPO. 807.

unmöglich gemacht werden soll, gelten im Allgemeinen die für den Arrest gegebenen Bestimmungen.[1] Durch derartige Gesuche wird z. B. bezweckt, daß bewegliche oder unbewegliche Sachen in Verwahrung oder Verwaltung genommen, oder daß dem Gegner gewisse Handlungen, wie die Veräußerung, Belastung oder Verpfändung eines Grundstücks geboten oder verboten werden.

Verfahren in Ehesachen.

Die Besonderheiten des Verfahrens in Ehesachen haben zumeist darin ihren Grund, daß bei diesen Sachen neben dem Privatinteresse der Betheiligten auch das öffentliche Interesse insofern im Spiele ist, als dem Staate naturgemäß an der Erhaltung der Ehe als der Grundlage der Familie liegen muß. Es ist daher vorgeschrieben, daß der von einer Partei erbetene Termin zur Verhandlung einer Ehescheidungsklage von dem Vorsitzenden des Landgerichts (welches für alle Ehescheidungsklagen ausschließlich zuständig ist), erst dann festgesetzt werden darf, wenn den gesetzlichen Vorschriften über den Sühneversuch genügt ist.[2]

Es muß nämlich die Partei, welche das Verfahren einleiten will, zuvor bei dem Amtsgerichte, bei welchem der Ehemann seinen allgemeinen Gerichtsstand hat, die Anberaumung eines Sühnetermins beantragen und zu diesem Termine den Beklagten laden (wozu sie sich, wie bei allen

[1] CPO. 814—820.

[2] CPO. 570.

Vorladungen beim Amtsgericht, der Vermittelung des Gerichtsschreibers bedienen kann).

Der Sühneversuch ist nur dann nicht erforderlich, wenn der Aufenthalt des Beklagten unbekannt oder im Auslande ist, wenn dem Sühneversuche ein anderes schwer zu beseitigendes Hinderniß entgegensteht, welches von dem Kläger nicht verschuldet ist, oder wenn die Erfolglosigkeit des Sühneversuchs mit Bestimmtheit vorauszusehen ist. Ueber das Vorhandensein dieser Voraussetzungen entscheidet der Vorsitzende des Landgerichts ohne vorgängiges Gehör des Beklagten.[1]

Dem fruchtlosen Sühneversuch hat alsdann auf Antrag der Parteien beim Landgerichte die eigentliche Verhandlung der Sache zu folgen. Bei demselben ist, um dem öffentlichen Interesse Rechnung zu tragen, die Staatsanwaltschaft zur Mitwirkung befugt, und ist dieser daher von allen stattfindenden Terminen von Amtswegen Kenntniß zu geben. Im Sitzungsprotokolle ist der Name des Staatsanwalts anzugeben und alle vom Staatsanwalt gestellten Anträge sind in dasselbe aufzunehmen.[2] Der Staatsanwalt kann, und zwar nicht nur dann, wenn er aus einem von Amtswegen geltend zu machenden Grunde selbstständig die Klage auf Nichtigkeitserklärung der Ehe angestrengt hat, selbstständig den Rechtsstreit betreiben, insbesondere Anträge stellen und Rechtsmittel einlegen.[3]

Im Uebrigen verläuft das Verfahren in Ehesachen in derselben processualen Form, wie das ordentliche Verfahren vor den Landgerichten. Zu bemerken ist jedoch, daß, wäh-

[1] CPO. 573.
[2] CPO. 569.
[3] CPO. 589.

rend sonst die Zustellung der Urtheile nur auf Betreiben der Parteien erfolgt, alle diejenigen Urtheile, durch welche auf Trennung, Ungültigkeit oder Nichtigkeit der Ehe erkannt ist, den Parteien von Amtswegen zuzustellen sind.[1]

Zu bemerken ist ferner noch, daß in Ehesachen, wenn eine der Parteien dies beantragt, die Oeffentlichkeit ausgeschlossen werden muß.

Entmündigungsverfahren.

Der Antrag auf Entmündigung einer Person wegen Geisteskrankheit kann sowohl von Verwandten, dem Ehegatten, dem Vormunde der zu entmündigenden Person, wie auch von dem Staatsanwalte gestellt werden. Gegen eine Ehefrau kann — außer dem Staatsanwalt — nur der Ehemann, gegen eine Person, welche noch unter väterlicher oder anderweitiger Vormundschaft steht, der Vater oder sonstige Vormund die Entmündigung beantragen.[2] Zuständig für das Entmündigungsverfahren ist ausschließlich dasjenige Amtsgericht, bei welchem der zu Entmündigende seinen allgemeinen Gerichtsstand hat.[3]

Der auf Entmündigung gerichtete Antrag kann bei dem Gerichte schriftlich eingereicht oder zum Protokolle des Gerichtsschreibers erklärt werden. Er soll eine Angabe der ihn begründenden Thatsachen und die Bezeichnung der Be-

---

[1] CPO. 582.
[2] CPO. 595.
[3] CPO. 593. 594.

weismittel enthalten, um damit Anhaltspunkte für die weitere — von Amtswegen vorzunehmende — Prüfung des Gerichtes zu geben. Das Gericht stellt selbstständig die zur Feststellung des Geisteszustandes erforderlichen Ermittelungen an, es kann von dem Antragsteller vor Einleitung des Verfahrens die Beibringung eines ärztlichen Zeugnisses verlangen; es hat vor Abgabe eines etwaigen Entmündigungsbeschlusses Sachverständige über den Geisteszustand des zu Entmündigenden zu hören und letzteren unter Zuziehung jener zu vernehmen. Das Gericht kann ferner, wenn es die Anordnung einer Fürsorge für die Person oder das Vermögen des zu Entmündigenden für erforderlich hält, der Vormundschaftsbehörde zum Zwecke dieser Anordnung Mittheilung machen.[1]

Der Beschluß, welcher über die Entmündigung erlassen wird, ist von Gerichtswegen dem Antragsteller und dem Staatsanwalte zuzustellen; wird die Entmündigung verfügt, auch der Vormundschaftsbehörde und dem etwaigen gesetzlichen Vormund.[2]

Gegen den Beschluß, welcher die Entmündigung entweder ausspricht oder ablehnt, steht den interessirten Personen der Rechtsweg zu. Wird die Entmündigung abgelehnt, so können hiergegen sowohl der Antragsteller wie der Staatsanwalt die sofortige Beschwerde ergreifen, deren vierzehntägige Frist mit dem Tage der Zustellung des Beschlusses zu laufen beginnt. Spricht dagegen der Beschluß die Entmündigung aus, so kann er binnen der Frist eines Monats im Wege der Klage angefochten werden. Zuständig für diese Klage ist das Landgericht, in dessen Bezirk das

[1] CPO. 597—600.

[2] CPO. 602. 603.

Amtsgericht seinen Sitz hat; zu ihrer Erhebung befugt ist außer dem Entmündigten selbst dessen Vormund, der Ehegatte oder ein sonstiger Verwandter desselben, wie auch der Staatsanwalt. Für den voraussichtlich seltenen Fall, daß der Staatsanwalt die Klage erhebt, ist diese gegen den Vormund des Entmündigten zu richten; in allen übrigen Fällen aber muß sie gegen den Staatsanwalt gerichtet werden, weil dieser der Vertreter des öffentlichen Interesses ist und der Entmündigungsbeschluß als im öffentlichen Interesse gefaßt angesehen werden muß. Will der Entmündigte selbst die Klage erheben, so kann er bei dem Gerichtsschreiber des zuständigen Landgerichts zu Protokoll beantragen, daß ihm von Gerichtswegen ein Rechtsanwalt als Vertreter beigeordnet werde.[1] Von jedem auf das Verfahren vor dem Proceßgerichte ergehenden Endurtheile hat dieses der Vormundschaftsbehörde und dem Amtsgerichte Mittheilung zu machen.[2] Die Entmündigung einer Person ebenso wie die Wiederaufhebung der Entmündigung ist von dem Amtsgerichte öffentlich bekannt zu machen.[3]

Außer durch Geisteskrankheit kann auch durch Verschwendung die Entmündigung einer Person begründet werden. Das Verfahren schließt sich im Wesentlichen dem Entmündigungsverfahren wegen Geisteskrankheit an, doch ist die Mitwirkung der Staatsanwaltschaft ausgeschlossen, auch braucht das Gericht keine Sachverständigen zuzuziehen.

Jederzeit kann bei dem Amtsgerichte, bei welchem der Entmündigte seinen allgemeinen Gerichtsstand hat, die Wiederaufhebung der Entmündigung beantragt werden. Zur

---

[1] CPO. 604.
[2] CPO. 615.
[3] CPO. 627.

Stellung solchen Antrages ist außer dem Entmündigten selbst dessen Vormund und die Staatsanwaltschaft berechtigt. Der Antrag kann schriftlich eingereicht oder zum Protokoll des Gerichtsschreibers gestellt werden. Der über die Wiederaufhebung zu erlassende Beschluß ist dem Antragsteller und im Falle der Wiederaufhebung dem Entmündigten wie dem Staatsanwalte von Amtswegen zuzustellen; im letzteren Falle alsbald nach Eintritt der Rechtskraft auch der Vormundschaftsbehörde. Die Rechtsmittel sind analog denjenigen, welche bei dem Beschluß über die Entmündigung zur Anwendung kommen: wird die Wiederaufhebung beschlossen, so kann hiergegen der Staatsanwalt die sofortige Beschwerde erheben, wird sie abgelehnt, so kann außer dem Vormund des Entmündigten auch der Staatsanwalt die diesbezügliche Klage beim zuständigen Landgerichte erheben.

In den Fällen dagegen, in welchen die Wiederaufhebung einer wegen Verschwendung verfügten Entmündigungssache beschlossen worden ist, findet eine Anfechtung dieses Beschlusses überhaupt nicht statt.[1]

Das Aufgebotsverfahren.

Zweck des Aufgebotsverfahrens ist, durch eine gerichtsseitig erlassene öffentliche Aufforderung Rechte und Ansprüche zu ermitteln, welche in Bezug auf bestimmte Rechts- und Vermögensverhältnisse von Dritten unbekannten Personen

---

[1] CPO. 616—620. 625.

etwa geltend gemacht werden könnten. Dahin gehört die Aufforderung an unbekannte Erben oder Gläubiger eines Nachlasses zur Geltendmachung ihrer Erbansprüche oder Forderungsrechte; die Aufforderung an einen Verschollenen, sich zur Inbesitznahme seines in der Heimath verbliebenen Vermögens zu melden; die Aufforderung an den etwaigen Inhaber einer verlorenen Urkunde (Wechsel, Actie oder dergl.), seine Rechte an dem Papier geltend zu machen. Diese Aufforderung wird mit der Wirkung erlassen, daß die Nichtanmeldung der etwa vorhandenen Ansprüche den Ausschluß der Berechtigten zur Folge hat.

Das bürgerliche Recht, d. h. die betreffenden Reichs- oder Landesgesetze, entscheidet die Fragen, in welchen Fällen ein Aufgebot zulässig ist, wer es beantragen kann und welchen Rechtsnachtheil die Nichtanmeldung nach sich zieht.[1] Die Civilproceßordnung trifft lediglich Vorschriften zur Regelung des Verfahrens, jedoch auch für diese in unbedingt maßgebender Weise nur hinsichtlich der in Anmerkung bezeichneten Fälle. Für alle übrigen Fälle bestimmt sie zwar das Verfahren ebenfalls, sie gestattet jedoch der Landesgesetzgebung in den nicht durch Reichsgesetz bestimmten Aufgebotsfällen die Vorschriften der Civilproceßordnung durch andere Bestimmungen zu ersetzen.[2]

[1]) Reichsgesetzliche Vorschriften, durch welche ein gerichtliches Aufgebotsverfahren für zulässig erklärt wird, finden sich in Bundesgesetz vom 9 Nov. 1867 (§. 6), Bundesgesetz vom 21. Juli 1870 (§. 3), Reichsgesetz vom 26. April 1871, betreffend das Aufgebot von Schuldurkunden; in der deutschen Wechselordnung Art. 73 für die Amortisation von Wechseln, im Handelsgesetzbuch Art. 305, Abs. 2 für die Amortisation von kaufmännischen Anweisungen und Verpflichtungen.

[2] Einf. Ges. zur CPO. §. 11.

Zuständig für das Aufgebotsverfahren sind die Amtsgerichte; die örtliche Zuständigkeit bemißt sich nach den Reichs- oder Landesgesetzen, auf denen der betr. Aufgebotsfall beruht.[1]

Der Antrag kann schriftlich oder zu Protokoll des Gerichtsschreibers angebracht werden.[2] Besondere Formen sind für den Antrag nicht vorgeschrieben; nur wenn es sich um die Kraftloserklärung einer Urkunde handelt, so muß der Antragsteller zur Begründung seines Antrags:

1) entweder eine Abschrift der Urkunde beibringen oder den wesentlichen Inhalt der Urkunde und Alles angeben, was zur vollständigen Erkennbarkeit derselben erforderlich ist;
2) den Verlust der Urkunde, sowie diejenigen Thatsachen glaubhaft machen, von welchen seine Berechtigung abhängt, das Aufgebotsverfahren zu beantragen;
3) sich zur eidlichen Versicherung der Wahrheit seiner Angaben erbieten.[3]

In das vom Gericht hierauf (in der Regel ohne vorgängige mündliche Verhandlung) zu erlassende Aufgebot ist aufzunehmen:

1) die Bezeichnung des Antragstellers,
2) die Aufforderung, etwaige Ansprüche und Rechte spätestens im Aufgebotstermine anzumelden,
3) die Bezeichnung der Rechtsnachtheile, welche eintreten, wenn die Anmeldung unterbleibt,
4) die Bestimmung eines Aufgebotstermins.[4]

---

[1] CPO. 823. GVG. 20.
[2] CPO. 824.
[3] CPO. 840.
[4] CPO. 824.

Soll eine Urkunde kraftlos erklärt werden, so ist außerdem in dem Aufgebot der Inhaber der Urkunde aufzufordern, spätestens im Aufgebotstermine seine Rechte bei dem Gerichte anzumelden und die Urkunden vorzulegen, unter dem Rechtsnachtheil, daß sonst die Kraftloserklärung der Urkunde erfolgen werde.

Die öffentliche Bekanntmachung wird durch den Gerichtsschreiber von Amtswegen besorgt. Sie geschieht durch Anheftung an die Gerichtstafel und mindestens einmalige Einrückung in den Deutschen Reichsanzeiger, außerdem aber durch mindestens zweimalige Einrückung eines Auszugs in das amtliche Verkündigungsblatt des Gerichtsbezirkes.[1]

Zwischen dem Tage, an welchem die Einrückung oder die erste Einrückung des Aufgebots in den Deutschen Reichsanzeiger erfolgt ist, und dem Aufgebotstermin muß, sofern das Gesetz nicht eine abweichende Anordnung enthält, ein Zeitraum von mindestens sechs Wochen liegen.[2]

Sollen Urkunden kraftlos erklärt werden, so muß die Anheftung des Aufgebots, außer an der Gerichtstafel, auch noch in dem Locale der Börse erfolgen, falls eine solche am Sitze des Aufgebotsgerichts besteht; auch muß in diesem Falle die Einrückung in den Reichsanzeiger wie im Amtsblatt des betr. Ortes dreimal erfolgen, und zwar ist nicht blos ein Auszug, sondern es ist das vollständige Aufgebot einzurücken.[3]

Die auf das Aufgebot zu Protokoll erfolgenden Anmeldungen müssen von dem Gerichtsschreiber nicht blos bis zu dem Aufgebotstermine entgegengenommen werden, son-

---

1 CPO. 825. 157.
2 CPO. 827.
3 CPO. 842.

dern auch nachher noch so lange, als das Ausschlußurtheil nicht ergangen ist, da eine vor Erlaß des Ausschlußurtheils erfolgte Anmeldung als eine rechtzeitige angesehen wird.[1] Das ergangene Ausschlußurtheil hat der Gerichtsschreiber, falls das Gericht die öffentliche Bekanntmachung anordnet, einmal in den Deutschen Reichsanzeiger einrücken zu lassen.[2]

Wird der Antrag auf Erlaß des Ausschlußurtheils vom Gerichte zurückgewiesen, so würde der Antragsteller, falls er sich dabei nicht beruhigen will, hiergegen das Rechtsmittel der sofortigen Beschwerde — welche beim Landgericht zu verhandeln ist — innerhalb 14 Tagen einzulegen haben[3] Dagegen findet gegen das auf den Antrag ergangene Ausschlußurtheil ein Rechtsmittel nicht statt. Vielmehr muß derjenige, welcher durch das Ausschlußurtheil sein Recht verletzt sieht, eine selbstständige Klage auf Aufhebung des Ausschlußurtheils gegen den Antragsteller anstellen, und zwar bei dem Landgerichte, in dessen Bezirk das Aufgebotsgericht seinen Sitz hat. Er kann dies jedoch nur dann:

1) wenn ein Fall nicht vorlag, in welchem das Gesetz das Aufgebotsverfahren zuläßt,
2) wenn die öffentliche Bekanntmachung des Aufgebots oder eine in dem Gesetze vorgeschriebene Art der Bekanntmachung unterblieben ist,
3) wenn die vorgeschriebene Aufgebotsfrist nicht gewahrt ist,

---

[1] CPO. 828.
[2] CPO. 833.
[3] CPO. 829.

4) wenn der erkennende Richter von der Ausübung des Richteramts kraft Gesetzes ausgeschlossen war,

5) wenn ein Anspruch oder ein Recht ungeachtet der erfolgten Anmeldung nicht dem Gesetze gemäß in dem Urtheile berücksichtigt ist.

Die Anfechtungsklage ist binnen der Nothfrist eines Monats zu erheben. Die Frist beginnt mit dem Tage, an welchem der Kläger Kenntniß von dem Ausschlußurtheil erhalten hat; in dem Falle jedoch, wenn die Klage auf einem der im §. 834 sub Nr. 4, 6 bezeichneten Anfechtungsgründe beruht und dieser Grund an diesem Tage noch nicht zur Kenntniß des Klägers gelangt war, erst mit dem Tage, an welchem der Anfechtungsgrund dem Kläger bekannt geworden ist.

Nach Ablauf von zehn Jahren vom Tage der Verkündigung des Ausschlußurtheils an gerechnet, ist die Klage unstatthaft.[1]

---

[1] CPO. 834. 835.

Konkursverfahren.

I. Allgemeine Vorschriften.

Für das Konkursverfahren sind ausschließlich die Amtsgerichte zuständig; und zwar im einzelnen Falle dasjenige Amtsgericht, bei welchem der Gemeinschuldner seinen allgemeinen Gerichtsstand hat. Bekanntlich wird letzterer in der Regel durch den Wohnsitz des Schuldners bestimmt.

Im Allgemeinen finden, soweit nicht die besondere Natur des Konkursverfahrens Abweichungen erforderlich macht, auf dasselbe die Vorschriften der Civilproceßordnung entsprechende Anwendung. Dahin gehören außer den Vorschriften über die Zuständigkeit des Gerichts und über die damit in Verbindung stehende Ablehnung oder Ausschließung des Richters namentlich die Vorschriften über Vertretung der Parteien, über Zustellungen, über Ladungen, Termine und Fristen, über das Rechtsmittel der Beschwerde, über Offenbarungseid und Haft u. dgl. m. Da das Konkursverfahren vor einem Amtsgerichte stattfindet, so fällt die für „Anwaltsprocesse" obligatorische Vertretung weg. Selbstverständlich ist auch zu allen Verhandlungen vor dem Konkursrichter der Gerichtsschreiber zur Protokollführung hinzuzuziehen. Hinsichtlich des Protokolls finden gleichfalls die

Vorschriften der CPO. für das amtsgerichtliche Verfahren entsprechende Anwendung; es sind also durch dasselbe Anträge und Erklärungen der Betheiligten insoweit festzustellen, als der Richter die Feststellung für angemessen erachtet.

Während die Zustellung der richterlichen Entscheidungen im Proceßverfahren nur auf Betreiben der Parteien erfolgt, erfolgt dieselbe im Konkursverfahren stets von Amtswegen.

Im Laufe des Konkursverfahrens finden vielfach öffentliche Bekanntmachungen statt; so muß die Eröffnung des Konkurses, die Aufhebung desselben u. dergl. m. öffentlich bekannt gemacht werden. Vor Allem ist aber eine öffentliche Bekanntmachung jedesmal dann zu erlassen, wenn eine Gläubigerversammlung berufen werden soll; mit Ausnahme des Falles, daß in einer Gläubigerversammlung die Vertagung einer Verhandlung angeordnet worden ist.[1] In die öffentliche Bekanntmachung ist der Gegenstand aufzunehmen, über welchen in der Gläubigerversammlung Beschluß gefaßt werden soll.[2] Die Berufung der Gläubigerversammlung, über welche das Gericht beschließt, muß jedesmal dann erfolgen, wenn sie von dem Konkursverwalter, dem Gläubigerausschusse, oder von mindestens fünf Konkursgläubigern beantragt wird, deren Forderungen den fünften Theil der Schuldenmasse erreichen.[3]

Die öffentlichen Bekanntmachungen erfolgen durch mindestens einmalige Einrückung in das zur Veröffentlichung amtlicher Bekanntmachungen des Gerichts bestimmte Blatt; die Einrückung kann auszugsweise geschehen. Weitere Be-

[1] KO. 85.
[2] KO. 90.
[3] KO. 85.

kanntmachungen können vom Gerichte angeordnet werden. Die Bekanntmachung gilt als Zustellung an alle Betheiligten, selbst dann, wenn neben ihr eine besondere Zustellung gesetzlich vorgeschrieben ist. Ist neben der öffentlichen Bekanntmachung eine besondere Zustellung vorgeschrieben, so kann dieselbe stets durch Aufgabe zur Post erfolgen.[1]

II. Eröffnungsverfahren.

Die Eröffnung des Konkurses kann sowohl von dem Gemeinschuldner, wie von jedem Gläubiger beantragt werden, sobald sich die Zahlungsunfähigkeit des Schuldners herausstellt.[2] Ist es der Gemeinschuldner, welcher die Eröffnung des Verfahrens beantragt, so hat er dem Gerichte das Vorhandensein der Zahlungsunfähigkeit durch Einreichung eines ausführlichen Status klar darzulegen.[3] Will dagegen ein Gläubiger die Einleitung des Konkursverfahrens beantragen, so muß dieser sowohl seine Forderung, wie auch die Zahlungsunfähigkeit des Schuldners dem Gerichte mindestens glaubhaft machen.[4] Eine Zahlungsunfähigkeit des Schuldners ist insbesondere immer auch dann anzunehmen, wenn die Zahlungseinstellung erfolgt ist.

Welches aber sind nun die Merkmale der Zahlungseinstellung? Es leuchtet ein, daß eine Zahlungsverweige-

[1] KO. 69.
[2] KO. 95. 97.
[3] KO. 96.
[4] KO. 97.

rung auf Grund von Einreden oder Gegenforderungen oder aus besonderen Motiven ebenso wenig als eine Zahlungseinstellung aufgefaßt werden kann, als das Unterlassen einer Zahlung aus bloßer Nachlässigkeit. Das Gesetz hat davon Abstand genommen, den Begriff der Zahlungseinstellung zu definiren, weil die in früheren Gesetzgebungen versuchte Aufstellung bestimmter Anhaltspunkte sich als verfehlt erwiesen hat. „Die Zahlungseinstellung ist eine nach der unendlichen Verschiedenheit der Fälle in der verschiedensten Weise zur Erscheinung kommende Thatsache, deren Auffassung der Anschauung des kaufmännischen Verkehrslebens und der vernünftigen Einsicht des Richters anheimgegeben werden muß.“ Das Gericht verlangt, daß die Zahlungseinstellung eine „allgemeine“ sei und daß sie in der „Zahlungsunfähigkeit“ ihren Grund habe. Einer einzelnen Nichtzahlung kommt daher an und für sich noch keineswegs das Merkmal der Zahlungseinstellung zu, vielmehr muß sich aus den vorliegenden Umständen ergeben, daß es sich um ein Nichtkönnen, um eine Aeußerung der Unfähigkeit zu zahlen handelt. Ist die Execution fruchtlos gegen den Schuldner vollstreckt worden, hält er sein Geschäft geschlossen, entfernt er sich heimlich oder bleibt er ohne Sorge für Vertretung verborgen, obgleich Zahlungen zu leisten sind, so werden diese und ähnliche Umstände in den meisten Fällen dem Richter die Ueberzeugung gewähren, daß Zahlungsunfähigkeit vorhanden ist. Indessen sind auch dies nur Fingerzeige von keineswegs unwiderleglicher Bedeutung, vielmehr ist das Gericht in der Lage, lediglich nach freiem Ermessen zu entscheiden, nachdem es die zur Beurtheilung der Verhältnisse des Schuldners erforderlichen Ermittelungen — durch Abhörung von Zeugen, Sachverständigen u. dgl. m. —

hat vornehmen lassen.[1] Ergeben die Ermittelungen die Wahrheit dessen, was der Gläubiger behauptet, oder räumt der Schuldner selbst seine Zahlungsunfähigkeit ein, so wird das Konkursverfahren eröffnet, in anderem Falle aber der Antrag zurückgewiesen.

In beiden Fällen steht den interessirten Parteien die sofortige Beschwerde zu;[2] doch wird die Einleitung des Konkursverfahrens hierdurch nicht gehemmt, vielmehr wird letzteres erst dann, wenn eine den Eröffnungsbeschluß aufhebende rechtskräftige Entscheidung vorliegt, unter öffentlicher Bekanntmachung wieder aufgehoben.[3]

Indessen ist, selbst im Falle nachweisbarer Zahlungsunfähigkeit des Schuldners, das Gericht befugt, die Eröffnung des Verfahrens abzulehnen, wenn nach dem Erachten des Gerichts eine den Kosten des Verfahrens entsprechende Konkursmasse nicht vorhanden ist.[4] Die Zulassung des Konkurses über eine Vermögensmasse, welche voraussichtlich durch die Kosten des Verfahrens aufgezehrt werden wird, kann in der That Niemand zum Vortheil gereichen. Damit ist indessen keineswegs gesagt, daß in jedem Falle schon dann die Eröffnung des Konkursverfahrens zurückzuweisen sei, wenn der augenblickliche Vermögensstand des Schuldners keine Aussicht auf Herstellung einer entsprechenden Activmasse giebt. Es ist vielmehr sehr wohl denkbar, daß das Gericht trotz der Geringfügigkeit der augenblicklich disponiblen Masse die Einleitung des Konkursverfahrens deshalb für angemessen erachtet, weil dasselbe die Möglichkeit eröffnet, durch die Anfechtung

[1] KO. 97.
[2] KO. 101. CPO. 531. 540.
[3] KO. 105.
[4] KO. 99.

solcher Rechtshandlungen des Gemeinschuldners, welche derselbe zum Nachtheile seiner Gläubiger vorgenommen hat, Befriedigungsobjecte für diese herbeizuschaffen, welche ihnen sonst entzogen bleiben würden. Andererseits aber ist auch das Gericht befugt, das vielleicht mit Hinsicht hierauf oder wegen mangelnder Uebersicht über den Vermögensbestand eröffnete Verfahren wieder einzustellen, sobald sich im Laufe desselben mit Sicherheit ergiebt, daß die Konkursmasse nicht den Kosten des Verfahrens entspricht.

Sofort nach Eröffnung des Verfahrens ernennt das Gericht provisorisch einen Konkursverwalter,[1] dem es auch einen Gläubigerausschuß zu seiner Unterstützung und Controle beiordnen kann.[2] Es bestimmt sodann den Termin zu einer Versammlung, in welcher die Gläubiger über die eventuelle Wahl eines anderen Verwalters Beschluß zu fassen haben, die Anmeldefrist sowie den Prüfungstermin und erläßt den offenen Arrest.[3] Mittelst des letzteren wird allen Personen, welche eine zur Konkursmasse gehörige Sache in Händen haben oder zur Konkursmasse etwas schuldig sind, aufgegeben, nichts an den Gemeinschuldner zu verabfolgen oder zu leisten, auch ihnen die Verpflichtung auferlegt, von dem Besitze der Sache, sowie von den auf dieselbe etwa geltend gemachten Vorrechten dem Konkursverwalter innerhalb einer bestimmten Frist Anzeige zu machen.[4]

Der Gerichtsschreiber hat die Formel des Eröffnungsbeschlusses, den offenen Arrest, die Anmeldefrist und die Termine sofort öffentlich bekannt zu machen, und zwar muß

---

1 KO. 102.
2 KO. 79.
3 KO. 102. 103.
4 KO. 108.

diese Bekanntmachung nicht blos in das Amtsblatt des betreffenden Gerichts, sondern auch auszugsweise in den Deutschen Reichsanzeiger eingerückt werden.[1] Auch der Name des ernannten Verwalters ist öffentlich bekannt zu machen (was jedoch im Reichsanzeiger nicht zu geschehen braucht). Der Gerichtsschreiber hat ferner unter Bezeichnung des Konkursverwalters beglaubigte Abschriften der Formel des Eröffnungsbeschlusses den Behörden für die Führung des Handels- oder Genossenschaftsregisters oder ähnlicher Behörden und der Dienstbehörde des Gemeinschuldners mitzutheilen.[2] An die ihrem Wohnort nach bekannten Gläubiger und Schuldner des Gemeinschuldners erfolgt besondere Zustellung. Dieselbe kann durch Aufgabe zur Post bewirkt werden.

Der Verwalter erhält vom Gerichtsschreiber eine urkundliche Bescheinigung seiner Ernennung, welche er bei Beendigung seines Amtes dem Gerichte zurückzugeben hat.

Erfolgt auf eine vom Schuldner erhobene Beschwerde eine den Eröffnungsbeschluß aufhebende Entscheidung, so hat der Gerichtsschreiber nach Eintritt der Rechtskraft der letzteren, für die öffentliche Bekanntmachung der Aufhebung des Verfahrens Sorge zu tragen. Die Publikation erfolgt ebenso wie diejenige des Eröffnungsbeschlusses, im Amtsblatte des Gerichtes und im Reichsanzeiger. Auch den Behörden, welchen die Anzeige des Eröffnungsbeschlusses gemacht wird, hat der Gerichtsschreiber die Aufhebung des Verfahrens mitzutheilen.

---

[1] KO. 103. [2] KO. 104.

III. Feststellung der Activ- und Passivmasse; Constituirung der Masse.

Anmeldung und Prüfung der Konkursforderungen.

Innerhalb der vom Gericht bekannt gemachten Anmeldefrist (welche mindestens einen Zeitraum von drei Wochen, längstens aber solchen von drei Monaten umfassen soll),[1] haben alle Gläubiger, welche am Konkursverfahren Theil nehmen wollen, ihre Forderungen anzumelden. Die Anmeldung kann entweder schriftlich eingereicht oder zum Protokoll des Gerichtsschreibers angebracht werden. Sie hat die Angabe des Betrages und des Grundes der Forderung (namentlich also, aus welchem Rechtsgeschäfte mit dem Gemeinschuldner die Forderung herstammt) zu enthalten, auch anzugeben, ob für die Forderung irgend welches Vorrecht in Anspruch genommen werde. Die urkundlichen Beweisstücke oder eine Abschrift derselben sind beizufügen. Forderungen, welche nicht auf einen Geldbetrag gerichtet sind, oder deren Geldbetrag unbestimmt, oder ungewiß, oder nicht in Reichswährung festgesetzt ist, sind nach ihrem zunächst vom Gläubiger selbst zu bestimmenden Schätzungswerthe in Reichswährung geltend zu machen. Auch müssen Zinsen und Kosten, welche mit eingefordert werden, in bestimmten Summen angegeben werden. Der Tag der Niederlegung bez. Protokollirung beim Gericht ist zur Feststellung der Rechtzeitigkeit der Anmeldung zu vermerken.[2]

Der Gerichtsschreiber hat jede Forderung, sowohl die schriftlich eingereichte, wie die zu Protokoll angemeldete so-

[1] KO. 126. 127.

[2] KO. 127. 62.

fort nach geschehener Anmeldung in der Rangordnung des beanspruchten Vorrechts in eine Tabelle einzutragen, welche innerhalb des ersten Drittheils des zwischen dem Ablaufe der Anmeldungsfrist und dem Prüfungstermine liegenden Zeitraums auf der Gerichtsschreiberei zur Einsicht der Betheiligten niederzulegen und abschriftlich dem Verwalter mitzutheilen ist. Die Anmeldungen selbst werden gleichfalls zur Einsicht der Betheiligten in der Gerichtsschreiberei niedergelegt, ohne daß jedoch von diesen der Verwalter eine Abschrift erhielte.[1]

In dem darauf stattfindenden Prüfungstermine, welcher in Gegenwart des Gemeinschuldners abgehalten wird, hat sich letzterer über jede einzelne Forderung zu erklären;[2] erhebt weder er noch der Konkursverwalter oder einer der erschienenen Gläubiger Widerspruch gegen die Existenz und Höhe der Forderung oder wegen eines für dieselbe geltend gemachten Vorrechtes,[3] so gilt dieselbe hiermit in den gedachten Beziehungen als festgestellt. Im entgegengesetzten Falle aber hat der Gläubiger, wenn er trotz der Bestreitung seine Forderung geltend machen will, die Feststellung derselben erst im Wege des ordentlichen Processes bei dem zuständigen Gerichte zu betreiben[4] (ohne daß hierdurch der Gang des Konkursverfahrens in irgend einer Weise aufgehalten werden dürfte). Für die Klage auf Feststellung zuständig ist das Konkursgericht und, wenn der Streitgegenstand zur Zuständigkeit der Amtsgerichte nicht gehört, dasjenige Landgericht, zu dessen Bezirke das Konkursgericht gehört. Nur derartig festgestellte Forderungen berechtigen

[1] KO. 128.
[2] KO. 129.
[3] KO. 132.
[4] KO. 134.

zur Theilnahme an den Abstimmungen der Gläubiger; doch kann das Konkursgericht entscheiden, daß schon vor der Feststellung dem Gläubiger einer bestrittenen Forderung ein Stimmrecht zu gewähren sei.[1]

Nach der Erörterung einer jeden Forderung ist im Termin das Ergebniß derselben vom Gerichte (also vom Gerichtsschreiber unter Mitwirkung des Richters) in die Tabelle einzutragen. Auf Wechseln und sonstigen Schuldurkunden hat der Gerichtsschreiber die Feststellung zu vermerken. Die Eintragung in die Tabelle gilt rücksichtlich der festgestellten Forderung ihrem Betrage und ihrem Vorrechte nach wie ein rechtskräftiges Urtheil gegenüber allen Konkursgläubigern. Den Gläubigern streitig gebliebener Forderungen muß Zwecks der gerichtlich zu betreibenden Feststellung derselben ein beglaubigter Auszug aus der Tabelle ertheilt werden.

In der Regel wird schon vor dem Prüfungstermin eine Gläubigerversammlung zur definitiven Constituirung der Masseverwaltung einzuberufen sein, da das Gesetz verfügt, daß dies längstens innerhalb eines Monats nach Eröffnung des Verfahrens geschehen solle.[2] Die Versammlung ist, wie jede Gläubigerversammlung, vom Gerichtsschreiber öffentlich bekannt zu machen. Da aber zur Zeit, wenn diese stattfindet, meistens der Prüfungstermin noch nicht stattgefunden haben kann und somit über die Stimmberechtigung der einzelnen Gläubiger noch nichts feststeht, so bestimmt nöthigenfalls bei erhobenem Widerspruch das Gericht, ob und zu welchem Betrage nicht geprüfte Forderungen zum Stimmen in der Gläubigerversammlung be-

---

[1] KO. 87.

[2] KO. 102.

rechtigen.[1] Gezählt werden nur die Stimmen der in der Gläubigerversammlung erschienenen Gläubiger,[2] die übrigen sind an die Beschlüsse gebunden, welche in der Versammlung mit absoluter Majorität gefaßt werden.[3] Die Stimmenmehrheit wird nach den Forderungsbeträgen berechnet, derart also, daß bei einer in der Gläubigerversammlung sich kundgebenden Meinungsverschiedenheit die Forderungen der die eine oder die andere Meinung vertretenden Gläubiger zusammengezählt werden,[4] wobei dann die größere Summe den Ausschlag giebt. Immer aber steht dem Gerichte die Befugniß zu, auf Antrag des Konkursverwalters oder eines überstimmten Gläubigers die Ausführung eines von der Majorität der Gläubigerversammlung gefaßten Beschlusses zu untersagen, wenn der Beschluß dem gemeinsamen Interesse der Konkursgläubiger widerspricht.[5]

Wahl des Verwalters und des Gläubigerausschusses.

Zu den Aufgaben der ersten Gläubigerversammlung gehört es vor allen Dingen, über die Wahl eines oder mehrerer Konkursverwalter und die Bestellung eines Gläubigerausschusses zu bestimmen. Statt des vom Gerichte sofort nach Eröffnung des Konkurses ernannten Verwalters können die Gläubiger einen andern erwählen.[6] Geschieht dies, so hat der Gerichtsschreiber den Namen desselben abermals öffentlich bekannt zu machen, auch den Firmenbehörden und der Dienstbehörde des Gemeinschuldners Mittheilung zu machen und dem neu erwählten Verwalter eine urkund-

[1] KO. 87.
[2] KO. 89.
[3] KO. 86.
[4] KO. 86.
[5] KO. 91.
[6] KO. 72.

liche Bescheinigung seiner Ernennung zu ertheilen.[1] Mehrere Konkursverwalter sollen jedoch nur dann ernannt werden, wenn die Verwaltung verschiedene Geschäftszweige umfaßt.[2] In diesem Falle ist jeder der Konkursverwalter in seinem Geschäftskreise selbstständig und befugt, ohne Mitwirkung des andern Verwalters zu handeln. Eine Beeidigung des Verwalters — der übrigens keineswegs aus der Mitte der Gläubiger genommen zu werden braucht — findet nicht statt, dagegen kann das Gericht ihm die Bestellung einer angemessenen Caution auferlegen.[3] Der Verwalter hat Anspruch auf Erstattung angemessener baarer Auslagen und auf eine Vergütung für seine Geschäftsführung, deren Festsetzung durch das Konkursgericht erfolgt.[4]

Neben dem Konkursverwalter kann sich die Gläubigerversammlung durch Bestellung eines Gläubigerausschusses ein eigenes Organ zu ihrer Vertretung schaffen. Wählbar zu demselben sind sowohl Gläubiger wie andere Personen;[5] auch sie haben Anspruch auf eine Vergütung für ihre Thätigkeit.[6] Im Wesentlichen besteht diese darin, den Konkursverwalter bei seiner Geschäftsführung zu unterstützen und zu überwachen.[7] Der Gläubigerausschuß ist daher berechtigt, jederzeit von dem Verwalter Berichterstattung über die Lage der Sache und seine Geschäftsführung zu verlangen und zu diesem Zwecke seine Bücher und Schriften einzusehen, wie ihm auch ferner die Verpflichtung obliegt, mindestens einmal in jedem Monat die Kasse des Verwalters zu revidiren.[8] Wenn es erforderlich erscheint, kann der Gläubigerausschuß

[1] KO. 73. 104.
[2] KO. 71.
[3] KO. 70.
[4] KO. 77.
[5] KO. 79.
[6] KO. 83.
[7] KO. 80.
[8] KO. 76.

sogar die Amtsentlassung des Verwalters beantragen. Er hat ihn aber auch bei seiner Geschäftsführung zu unterstützen; denn über alle wichtigeren Rechtsgeschäfte, wie über den Abschluß von Vergleichen, die Anstellung von Processen u. dgl. m. (wenn es sich dabei um einen Werthbetrag von mehr als 300 Mark handelt), ebenso aber auch über alle Grundstücksverkäufe aus freier Hand, über die Aufnahme von Darlehen 2c.[1] hat der Gläubigerausschuß gemeinsam mit dem Verwalter zu beschließen. Dagegen kann über die Schließung und Fortführung des Geschäfts, die Alimentation des Gemeinschuldners, über die Art und Weise, in welcher die der Masse gehörigen Gelder angelegt werden sollen, nur die Gläubigerversammlung selbst verfügen.[2] Anzunehmen ist indessen, daß nicht blos in diesen, sondern in allen wichtigeren Fällen der Konkursverwalter und der Gläubigerausschuß, um sich von eigener Verantwortlichkeit zu entlasten, es vorziehen werden, eine Beschlußfassung der Gläubigerversammlung herbeizuführen, indem sie von ihrem Rechte Gebrauch machen, jederzeit die Einberufung derselben verlangen zu können.[3]

Stellung des Gemeinschuldners im Konkurse; Einfluß des Konkurses auf die von ihm abgeschlossenen Verträge.

Der Gemeinschuldner verliert, gleichzeitig mit dem Uebergange des Verwaltungs- und Verfügungsrechts über die Konkursmasse an den die Gläubiger vertretenden Verwalter, die Befugniß, das ihm zur Zeit der Eröffnung des

[1] KO. 121. 122.
[2] KO. 120.
[3] KO. 85.

Verfahrens zustehende Vermögen ferner zu verwalten und über dasselbe zu verfügen.[1] Alle Rechtshandlungen, welche er nach Eröffnung des Verfahrens vorgenommen hat,[2] sind daher den Konkursgläubigern gegenüber nichtig. Aber nur in dieser einen Beziehung verliert der Gemeinschuldner die Handlungsfähigkeit; im Uebrigen bleibt er handlungsfähig und berechtigt, neue Geschäfte und Verbindlichkeiten einzugehen. Dasjenige, was er auf's Neue erwirbt, fällt daher nicht an die Konkursmasse — denn diese umfaßt nur dasjenige Vermögen des Gemeinschuldners, welches ihm zur Zeit der Eröffnung des Verfahrens gehört[3] — und zu weiterem freien Erwerbe braucht er daher nicht erst die Genehmigung der Masseverwaltung einzuholen. Da ihm die Möglichkeit somit nicht abgeschnitten ist, sofort selbst wieder für seine Existenz thätig zu werden, so hat der Gemeinschuldner auch keinen gesetzlichen Anspruch darauf, daß ihm für die Zeit des Verfahrens aus der Masse Alimente gewährt werden. Nichtsdestoweniger können ihm solche aus Billigkeitsrücksichten provisorisch sofort vom Konkursverwalter und später definitiv für die Dauer des Konkurses durch die Gläubigerversammlung zugesprochen werden.[4]

Dagegen kann der Gemeinschuldner, soweit ihm ein gesetzlicher Nießbrauch an dem Vermögen seiner Ehefrau oder seiner Kinder zusteht, beanspruchen, daß ihm aus den Nutzungen desselben — wenn diese im Ganzen auch zur Konkursmasse gehören — die Mittel gewährt werden,[5] welche zum standesgemäßen Unterhalt seiner Familie und zur Erziehung seiner Kinder erforderlich sind.

---

[1] KO. 5.
[2] KO. 6.
[3] KO. 1.
[4] KO. 118. 120.
[5] KO. 1.

Den Gläubigern und den sie vertretenden Organen gegenüber ist der Gemeinschuldner verpflichtet, ihnen über alle das Verfahren betreffende Verhältnisse Auskunft zu geben.[1] Ebenso muß er, wenn dies der Verwalter oder ein Gläubiger von ihm verlangt, nach Aufnahme des Inventars den Offenbarungseid leisten.[2] Die Abnahme desselben erfolgt jedoch nicht sofort mit dem Beginne des Verfahrens, wie denn auch die Leistung dieses Eides nicht ausnahmslos in jedem Falle erforderlich und gerichtsseitig überhaupt nicht zu verlangen ist. Erfüllt der Schuldner die ihm vom Gesetze auferlegten Pflichten nicht oder erscheint es zur Sicherung der Masse nothwendig, so kann das Gericht die zwangsweise Vorführung und sogar die Haft des Schuldners anordnen.[3] Ja, das Gericht kann zu diesen Maßregeln nöthigenfalls schon vor Eröffnung des Konkursverfahrens schreiten, wenn dieselben im Interesse der künftigen Masse begründet erscheinen, wie es denn auch schon vor Beginn des Konkurses ein allgemeineres Veräußerungsverbot an den Schuldner mit der Wirkung erlassen kann, daß dasselbe, wenn öffentlich bekannt gemacht, auch Dritten gegenüber rechtsverbindliche Wirkung in Anspruch nimmt.[4]

Von diesem Momente an vermögen daher keinerlei Rechtshandlungen des Gemeinschuldners, weil von Rechtswegen ungültig, den Stand der Masse noch ferner zu beeinträchtigen. Dagegen ist doch für die Rechtsverhältnisse der Masse die Frage wichtig, in welcher Weise für die Gläubiger als Rechtsnachfolger des Gemeinschuldners solche

---

[1] KO. 92.
[2] KO. 115.
[3] KO. 93.
[4] KO. 92.

von dem letzteren bereits früher abgeschlossenen Verträge in Betracht kommen, welche bei der Eröffnung des Konkurses *schweben*, indem zwar der Abschluß des Vertrages, von keiner Seite aber bisher Leistung oder Gegenleistung erfolgt ist. Hierfür stellt das Gesetz im Allgemeinen die Regel auf, daß dem Konkursverwalter ein Wahlrecht hinsichtlich der Erfüllung zusteht;[1] er kann also entweder an Stelle des Gemeinschuldners den Vertrag erfüllen und die Erfüllung von dem andern Kontrahenten verlangen oder er kann, wenn ihm der Vertrag nachtheilig erscheint, von demselben abgehen. Nur bei Fixgeschäften kann der Vertreter nicht Erfüllung, sondern statt derselben nur die Differenz zwischen dem Kaufpreis der Waaren und deren Börsenpreis bei Eröffnung des Konkurses fordern;[2] während der andere Kontrahent natürlich eine zu seinen Gunsten entstehende Differenz nur als Konkursgläubiger geltend zu machen berechtigt ist. Verträge, welche der Gemeinschuldner als Miether oder Pächter geschlossen hatte, kann sowohl der Verwalter wie der Vermiether resp. der Verpächter in ortsüblicher Kündigungsfrist aufsagen;[3] war aber das Miethsverhältniß bei Eröffnung des Konkurses noch nicht angetreten, so kann der Vermiether von dem Vertrage abgehen, gleich als ob derselbe gar nicht geschlossen wäre. Hatte dagegen der Gemeinschuldner eine Sache *vermiethet*, so bleibt das Miethsverhältniß unverändert bestehen. Nur in einer Beziehung findet hier eine Ausnahme statt. Die Verpachtung oder Vermiethung[4] der Sache darf eine durch den Zweck des Konkursverfahrens und den Vortheil der übrigen

---

[1] KO. 15.
[2] KO. 16.
[3] KO. 17. Abs. 1.
[4] KO. 17. Abs. 2.

Gläubiger gebotene Veräußerung der Sache nicht hemmen, und da, wo „Kauf Miethe bricht" hat daher der Miether oder Pächter im Falle eines Verkaufes der Sache kein Recht auf eine Fortdauer des Vertrages.

Hinsichtlich solcher Personen, welche zu dem Gemeinschuldner in irgend einem Dienstverhältnisse stehen, bestimmt das Gesetz, daß beiderseits die Kündigung mit ortsüblicher Frist erfolgen könne. Bis dahin aber werden ihre Dienste fortgeleistet und für die nach der Konkurseröffnung geleisteten Dienste oder ausgehaltene Dienstzeit wird der bedungene Lohn aus der Konkursmasse als Masseschuld bezahlt.[1]

Absonderungs- und aussonderungsberechtigte Gläubiger.

Alle Konkursgläubiger müssen, wie wir dies bereits dargestellt haben, ihren Anspruch behufs Geltendmachung desselben innerhalb der vom Gericht bekannt gemachten Frist bei demselben zur Anmeldung bringen. Nur diejenigen, welche abgesonderte Befriedigung aus bestimmten Gegenständen in Anspruch nehmen, sind von dieser Pflicht entbunden,[2] denn ihre abgesonderte Befriedigung erfolgt unabhängig vom Konkursverfahren und sie haben keine andere Verpflichtung, als von den in ihrem Besitz befindlichen Sachen dem Verwalter Anzeige zu machen, dieselben auf Verlangen vorzuzeigen und ihre Abschätzung zu gestatten. Wenn auch die Masseverwaltung das Recht hat, die Zwangsversteigerung eines zur Masse gehörigen Grundstücks oder einer zu derselben gehörigen beweglichen Sache selbst in die

[1] KO. 19.

[2] KO. 3.

Hand zu nehmen,[1] so wird sie doch davon absehen, sich mit diesem Geschäfte zu belasten, wenn nach der vorhandenen Beschwerung oder sonstigen Beschaffenheit der Sache mit Sicherheit zu erwarten ist, daß aus einem Verkaufe ein Ueberschuß für die Konkursmasse sich nicht ergeben wird. In solchen Fällen wird es daher den betreffenden Hypothekariern oder Faustpfandgläubigern überlassen bleiben können, bei der zuständigen Behörde selbst die Verwerthung des Pfandobjects zu betreiben.

Ein Recht auf abgesonderte Befriedigung kommt nur bestimmten, vom Gesetz genau namhaft gemachten Klassen von Gläubigern zu. Vor allen Dingen gehören zu diesen die Hypothekengläubiger in Ansehung des ihnen verpfändeten Grundstücks,[2] wie die Faustpfandgläubiger in Ansehung des ihnen verpfändeten und in ihrem Besitz befindlichen Gegenstandes.[3] Diesen sind gewisse andere Gläubiger gleichgestellt, so namentlich der Verpächter und der Vermiether hinsichtlich der Illaten und Früchte; Arbeiter wegen der von ihnen angefertigten oder ausgebesserten Gegenstände, sofern dieselben noch in ihrem Gewahrsam befindlich sind; ferner diejenigen, denen nach dem Handelsgesetzbuche an gewissen Gegenständen ein Pfandrecht oder ein Zurückbehaltungsrecht zusteht u. a. m.[4] Gemeinsam ist allen diesen wegen eines bestimmten Gegenstandes erhobenen Absonderungsansprüchen die Voraussetzung, daß die rechtliche Trennung des Gegenstandes von der Konkursmasse Jedermann erkennbar gewesen sein müsse, damit die Gläubiger in der Beurtheilung der

---

[1] KO. 116. 117.
[2] KO. 39. 40.
[3] EG. 14.
[4] KO. 41. 43–45.

Vermögenslage ihres Schuldners nicht ungebührlich getäuscht werden.

Außer den hier bezeichneten absonderungsberechtigten Gläubigern gelten aber auch diejenigen nicht als Konkursgläubiger, welche einen Anspruch auf Aussonderung eines dem Gemeinschuldner nicht gehörigen Gegenstandes aus der Konkursmasse auf Grund eines dinglichen oder persönlichen Rechtes, vor Allem also auch auf Grund eines Eigenthumsrechtes geltend machen können.[1] Im Ganzen ist für die Begründung solcher Ansprüche das außerhalb des Konkursverfahrens geltende Civilrecht maßgebend. Jedoch trifft das Gesetz die ausdrückliche Bestimmung, daß der Verkäufer oder Einkaufscommissionair die Waare zurückfordern könne, die er von einem andern Orte an den Gemeinschuldner abgesandt hat, ohne Bezahlung dafür erhalten zu haben, vorausgesetzt, daß dieselbe dem Gemeinschuldner bei Eröffnung des Verfahrens noch nicht zu Händen gekommen war.[2] Hinsichtlich der Aussonderungsansprüche, welche die Ehefrau des Gemeinschuldners in dessen Konkurse zu erheben berechtigt ist, bestimmt das Gesetz nur, daß sie, um irgend welche zur Konkursmasse gehörige Gegenstände für sich in Anspruch nehmen zu können, den Beweis liefern muß, daß dieselben nicht mit Mitteln des Gemeinschuldners erworben worden sind.[3] Positivere Bestimmungen konnte das Gesetz wegen der Verschiedenheit des in den einzelnen deutschen Staaten geltenden ehelichen Güterrechts nicht treffen. Als Regel geht sie von dem Satze aus, daß die Ehefrau befugt sein muß, auf dasjenige, was sie außer-

[1] KO. 35.
[2] KO. 36.
[3] KO. 37.

halb des Konkurses nach dem Civilrechte als ihr Eigenthum beanspruchen kann, auch nach Eintritt des Konkurses über das Vermögen ihres Ehemannes ein Anrecht geltend zu machen. Die Frage indessen, was sie solchergestalt als ihr Eigenthum in Anspruch zu nehmen berechtigt ist, ist lediglich nach der in jedem Lande geltenden Privatrechtsgesetzgebung zu beantworten. Abgesehen von Eigenthumsansprüchen aber lehnt die Gesetzgebung es ausdrücklich ab, der Frau wegen ihrer Mitgift und ihres sonstigen Eingebrachten im Konkurse irgend welche Vorrechte zu gewähren, wie ihr solche bisher sowohl das gemeine Recht, wie auch die Einzelgesetzgebungen vieler deutscher Staaten einräumten.

Außer denjenigen Gegenständen, welche auf Grund von Aussonderungs- und Absonderungsansprüchen auszuscheiden sind, gehört zur Konkursmasse das gesammte Vermögen des Gemeinschuldners, welches ihm zur Zeit der Eröffnung des Verfahrens zusteht. Alles dies dient zur gemeinschaftlichen Befriedigung der Konkursgläubiger, und ausgenommen sind hiervon nur diejenigen Gegenstände, welche überhaupt einer Zwangsvollstreckung nicht unterworfen sind (namentlich unentbehrliches Hausgeräth und die zur Berufsausübung und zum Wirthschaftsbetriebe erforderlichen Gegenstände).[1] Sofort nach Eröffnung des Verfahrens hat der Verwalter das gesammte zur Konkursmasse gehörige Vermögen in Besitz und Verwaltung zu nehmen. Er kann zur Sicherung der zur Konkursmasse gehörigen Sachen dieselben durch eine zur Vornahme solcher Handlungen gesetzlich ermächtigte Person versiegeln lassen.

[1] KO. 715.

Die Geschäftsbücher des Gemeinschuldners hat der Gerichtsschreiber zu schließen.[1] Es soll dies jedoch nicht ein Bücherabschluß im technischen Sinne sein, sondern nur ein Vermerk am Schlusse derselben, um Nachtragungen zu verhindern.

Ueber die zur Konkursmasse gehörigen Gegenstände hat der Verwalter in der Regel ein Inventar aufzunehmen; außerdem hat er eine Bilanz aufzunehmen. Beide müssen, und zwar in einer von dem Verwalter gezeichneten Abschrift, auf der Gerichtsschreiberei niedergelegt werden; daneben auch — wenn eine Siegelung und Entsiegelung stattgefunden hat — die Protokolle über diese.

IV. Vertheilungs- und Schlußverfahren.

Nachdem die Activa der Masse endgültig festgestellt sind, kann die Schlußvertheilung unter die Gläubiger erfolgen. Jedoch bestimmt das Gesetz, um eine möglichst schleunige Befriedigung der Gläubiger anzubahnen, daß Vertheilungen schon alsbald nach Abhaltung des allgemeinen Prüfungstermins stattfinden können, so oft hinreichend baare Masse für diesen Zweck vorhanden ist (Abschlagsvertheilung).[2]

Vor der Vertheilung sind von dem Massevermögen die Massekosten und Masseschulden in Abzug zu bringen.[3] Zu den ersteren gehören die gerichtlichen und die Verwaltungs-

[1] KO. 112.
[2] KO. 137.
[3] KO. 50. 53.

kosten, sowie die dem Gemeinschuldner bewilligten Alimente, zu den letzteren alle Ansprüche wegen an die Konkursmasse erfolgter Leistungen und wegen vom Konkursverwalter abgeschlossener Rechtsgeschäfte. Reicht das in der Konkursmasse vorhandene Vermögen nicht aus, so sind die Masseschulden vor den Massekosten und zuletzt erst die dem Gemeinschuldner bewilligten Alimente zu berichtigen.

Die Grundsätze über die Reihenfolge der Vertheilung des Vermögens unter die eigentlichen Konkursgläubiger sind sehr einfache, da das Gesetz die bisher bestandenen vielfach complicirten Systeme der verschiedensten Vorrechte fast ganz beseitigt hat.[1] Nur einige wenige Vorrechte hat es bestehen lassen. Dahin gehört vor Allem das Vorrecht, welches den Personen, die im Dienste des Gemeinschuldners fest angestellt waren, wegen ihres rückständigen Lohnes für das letzte Jahr eingeräumt ist. Ferner bevorrechtigt sind die öffentlichen Kassen wegen rückständiger Abgaben für ein Jahr und außerdem Medicinalpersonen wegen Kur- und Pflegekosten aus dem letzten Jahre. Alle übrigen Privilegien aber sind beseitigt, insbesondere die gesetzmäßigen und vertragsmäßigen General- und Special-Hypotheken. Nur das Faustpfand und die inscribirte Hypothek werden im Konkurse anerkannt.

Bevor eine Vertheilung stattfindet, hat der Verwalter ein Verzeichniß der bei derselben zu berücksichtigenden Forderungen auf der Gerichtskanzlei zur Einsicht der Betheiligten niederzulegen,[2] während er die Summen der Forderungen, sowie den zur Vertheilung verfügbaren Massebestand öffentlich bekannt machen muß. Handelt es sich um eine Ab-

---

[1] KO. 54.

[2] KO. 139.

schlagsvertheilung, so müssen etwaige Einwendungen gegen das Verzeichniß bis zum Ablaufe einer Woche nach der Ausschlußfrist — d. h. innerhalb drei Wochen nach der von dem Verwalter erlassenen Bekanntmachung — bei dem Konkursgerichte erhoben werden, entweder schriftlich oder zum Protokoll des Gerichtsschreibers.[1] Bei einer Schlußvertheilung dagegen sind die Einwendungen gegen das Verzeichniß nicht in dieser Form, sondern im Schlußtermine selbst zu erheben.[2] Ueber diese Einwendungen entscheidet das Gericht. Die Entscheidung, durch welche Einwendungen abgewiesen werden, ist von Amtswegen zuzustellen und die Frist zur sofortigen Beschwerde dagegen beginnt mit der Zustellung.[3] Die Entscheidung dagegen, durch welche eine Berichtigung angeordnet wird, ist auf der Gerichtsschreiberei niederzulegen, und beginnt die Beschwerdefrist alsdann mit dem Tage, an welchem die Niederlegung der Entscheidung erfolgt ist.[4]

Nachdem der Schlußtermin, welcher außer zur Erhebung von Einwendungen gegen das Schlußverzeichniß auch zur Abnahme der Schlußrechnung, sowie zur Beschlußfassung der Gläubiger über die nicht verwerthbaren Vermögensstücke bestimmt ist, vom Gerichte anberaumt worden ist, wird derselbe ebenso wie alle übrigen Gläubigerversammlungen vom Gerichtsschreiber öffentlich bekannt gemacht.[5] Der Verwalter muß seine Schlußrechnung mit den dazu gehörigen Belegen und, wenn ein Gläubigerausschuß bestellt ist, mit dessen Bemerkungen mindestens drei Tage vor dem Schlußtermin auf der Gerichtsschreiberei zur Einsicht der

[1] KO. 146.
[2] KO. 150.
[3] KO. 146. 66.
[4] KO. 146.
[5] KO. 150. 68.

Betheiligten niederlegen, damit diese im Termine ihre Einwendungen erheben können. Erfolgen solche nicht, so gilt die Rechnung als anerkannt.[1]

Nach der Abhaltung des Schlußtermins bestimmt das Gericht die Aufhebung des Konkursverfahrens und hat der Gerichtsschreiber alsdann sofort die Aufhebung desselben öffentlich bekannt zu machen,[2] und zwar sowohl im Amtsblatt des Konkursgerichts, wie im Deutschen Reichsanzeiger. Auch hat er den Firmenbehörden und der Dienstbehörde des Gemeinschuldners Anzeige von der Aufhebung des Konkurses zu machen.

Diejenigen Konkursgläubiger, welche durch die Schlußvertheilung nicht zu voll befriedigt sind, können ihre Forderungen hierauf gegen den Schuldner wieder unbeschränkt geltend machen, und zwar gelten ihre Forderungen dem Schuldner gegenüber zu demjenigen Betrage als festgestellt, mit welchem sie im Prüfungstermine in die Tabelle aufgenommen worden sind.[3] Einen beglaubigten Auszug aus dieser Tabelle kann jeder Gläubiger von dem Gerichtsschreiber verlangen;[4] er kann ferner von diesem die Ertheilung der Vollstreckungsklausel aus dem Auszuge verlangen, um ohne Weiteres auf Grund dieser die Zwangsvollstreckung gegen den Schuldner vornehmen zu können.[5] Wird die Ertheilung der Vollstreckungsklausel aus einem der S. 34 angeführten Gründe verweigert, so muß der Gläubiger sie im Wege der Klage bei dem zuständigen Gerichte erwirken. Es ist dies — falls der Streitgegenstand zur Zuständigkeit des Amtsgerichts gehört, dasjenige Amts-

1 KO. 78.
2 KO. 151.
3 KO. 152.
4 CPO. 271.
5 CPO. 622.

gericht, bei welchem das Konkursverfahren anhängig war, in anderen Fällen ausschließlich das Landgericht, zu dessen Bezirke der Bezirk des Konkursgerichts gehört.[1]

V. Der Zwangsvergleich.

Das Konkursverfahren kann noch in anderer Weise seine Beendigung finden, als durch die Schlußvertheilung, nämlich durch den Zwangsvergleich. „Wenn auch das Konkursverfahren — so sagen die amtlichen Motive zur Konkursordnung — auf dem Wege der Einziehung und Versilberung des gesammten Vermögens des Schuldners, der Auseinandersetzung der einzelnen Gläubiger und der Vertheilung der Masse unter sie seinen Zweck, die gleichmäßige Befriedigung Aller, sicher und ohne Ausnahme erreicht, so hat doch dieser Weg zwei vor allem in die Augen fallende Mängel. Die völlige Durchführung des Verfahrens erfordert, so sehr es auch vereinfacht werden mag, einen verhältnißmäßig großen Zeit- und Kostenaufwand und verringert hierdurch für jeden einzelnen Gläubiger die zu erlangende Quote, und für den Schuldner andererseits hat es den Nachtheil, daß je länger es ihm die Verfügung, je einschneidender es ihm das Vermögen entzieht, desto mehr ihm auch seine Geschäfts- und Erwerbsthätigkeit stört oder gar zerstört. Dagegen giebt eine frühere Beendigung des Verfahrens durch einen Vergleich den Schuldner eher und unversehrter der freien Geschäftsthätigkeit zurück, und um

[1] KO. 152. 134.

so eher werden auch dem Schuldner nahestehende Dritte sich bereit finden lassen, für ihn den Gläubigern Opfer zu bringen." Aus diesen Gründen hat das Gesetz zur Wohlthat für den Schuldner wie im Interesse der Gläubiger dem Accord im Konkurse seine wohlberechtigte Stelle eingeräumt.

Der Gemeinschuldner kann den Abschluß eines Zwangsvergleichs — an welchem die bevorrechtigten wie die Massegläubiger niemals Theil zu nehmen brauchen — alsbald nach Abhaltung des Prüfungstermins, und zwar dann während der ganzen Dauer des Konkursverfahrens beantragen, jedoch nur so lange, als nicht vom Gericht die Vornahme der Schlußvertheilung genehmigt und der Schlußtermin festgesetzt ist. An eine besondere Form ist dieser Antrag nicht gebunden; jedoch muß derselbe angeben, in welcher Weise die Befriedigung der Gläubiger geschehen soll, ohne daß das Gesetz für die Art, in welcher dies zu geschehen habe, irgend welche Schranken festsetzte. Ein theilweiser Nachlaß der Forderungen gegen sofortige Zahlung einer Accordquote dürfte wohl die Regel bilden; es kann aber auch die Vollzahlung in Terminen versprochen und in irgend einer andern Form den Gläubigern ein Aequivalent für ihre Forderungen durch den Schuldner oder Dritte gewährleistet werden. Das Erforderniß aber, welches das Gesetz unwandelbar für den Inhalt eines jeden Zwangsvergleichs aufstellt, ist unbedingte Gleichheit für alle von ihm betroffenen Gläubiger.[1] Jedes Nebenabkommen, wenn nicht etwa zu diesem die zurückgesetzten Gläubiger ihre ausdrückliche Einwilligung gegeben haben, ist nichtig und setzt den Accord der Anfechtung aus.[2] — Besteht ein Gläubigerausschuß, so hat sich dieser über die

---

[1] KO. 168.

[2] KO. 182.

Annehmbarkeit des Vorschlages zu erklären und nur mit seiner Genehmigung kann der Vorschlag der Gläubigerversammlung zur Beschlußfassung unterbreitet werden.[1] Der Vorschlag und die Erklärung des Gläubigerausschusses sind auf der Gerichtsschreiberei zur Einsicht der Betheiligten niederzulegen.[2] Der hierauf vom Gerichte anberaumte Vergleichstermin ist vom Gerichtsschreiber öffentlich bekannt zu machen, auch hat derselbe die nicht bevorrechtigten Konkursgläubiger, welche Forderungen angemeldet haben (da diese allein der Vergleich betrifft), unter Mittheilung des Vergleichsvorschlages und des Ergebnisses der Erklärung des Gläubigerausschusses besonders zum Vergleichstermin zu laden. Die Ladung kann durch Aufgabe zur Post erfolgen.[3]

Zur Annahme des Vergleichs ist erforderlich, daß die Mehrzahl der im Termin erschienenen Gläubiger dem Vergleiche ihre Zustimmung gebe und daß die Gesammtsumme ihrer Forderungen wenigstens drei Viertheile aller stimmberechtigten Forderungen bilde.[4] Erklärt eine solche Mehrheit sich für die Annahme des Vergleichs, so ist auch die Minderzahl an denselben gebunden.[5] Wird aber nur eine dieser Mehrheiten erreicht, so kann der Gemeinschuldner bis zum Schlusse des Termins die einmalige Wiederholung der Abstimmung in einem neuen Termine verlangen, worauf dann das Gericht denselben bestimmt und sofort verkündet.[6] Zweifelhaft erscheint nach dem Gesetz, ob es neben der Verkündigung des neuen Termins noch einer öffentlichen Bekanntmachung

[1] KO. 164.
[2] KO. 165.
[3] KO. 166. 69.
[4] KO. 169.
[5] KO. 173.
[6] KO. 169.

desselben bedarf. Indessen kann die letztere wohl aus praktischen Gründen nicht entbehrt werden. Es ist nämlich sehr leicht möglich, daß der Vergleichsvorschlag des Gemeinschuldners im ersten Termine daran scheitert, daß zu demselben eine genügende Anzahl von Gläubigern aus irgend welchen Gründen überhaupt nicht erschienen ist, und es dürfte daher wohl richtig sein, diese durch eine abermalige öffentliche Bekanntmachung zum nunmehrigen Erscheinen in dem zweiten Vergleichstermine aufzufordern.

Der angenommene Zwangsvergleich bedarf der Bestätigung des Konkursgerichts, welches entscheidet, nachdem es die Gläubiger, den Verwalter und den Gläubigerausschuß in dem Vergleichstermine oder in einem bei Gelegenheit des letzteren verkündeten Termine gehört hat. Einer weiteren Bekanntmachung dieses Termines bedarf es nicht. Ebenso wenig bedarf es einer Bekanntmachung des Beschlusses selbst, durch welchen der Zwangsvergleich bestätigt oder verworfen wird, da die Verkündigung dieses Beschlusses stets in einem der eben erwähnten Termine stattfindet. Gegen den Beschluß, durch welchen der Vergleich bestätigt oder verworfen wird, steht dem Gemeinschuldner sowohl wie jedem nicht bevorrechtigten Konkursgläubiger die sofortige Beschwerde zu. Die Frist zur Einlegung derselben beginnt mit der Verkündigung des Beschlusses zu laufen. Eine Anfechtung der Entscheidung des Beschwerdegerichts findet nicht statt.[1]

Sobald die gerichtliche Entscheidung, durch welche der Vergleich bestätigt wird, die Rechtskraft erlangt hat, beschließt das Gericht die Aufhebung des Konkursverfahrens.

---

[1] KO. 170. 171. 174.

Der Gerichtsschreiber hat die Aufhebung des Konkursverfahrens unter der Angabe, daß dasselbe durch Zwangsvergleich seine Erledigung gefunden habe, öffentlich bekannt zu machen, und zwar sowohl im Amtsblatt des Konkursgerichts, wie im Deutschen Reichsanzeiger. Auch hat er die Anzeige von der Aufhebung des Verfahrens an die Firmenbehörden und an die Dienstbehörde des Gemeinschuldners gelangen zu lassen.

Diejenigen Konkursgläubiger, deren Forderungen festgestellt und nicht vom Gemeinschuldner im Prüfungstermine ausdrücklich bestritten worden sind, haben aus dem Zwangsvergleiche das Recht sofortiger Zwangsvollstreckung sowohl gegen den Gemeinschuldner wie gegen diejenigen, welche sich etwa in dem Vergleiche für den Gemeinschuldner ohne den Vorbehalt, daß dieser zuerst verklagt werden müsse, verbürgt haben. Auf ihr Ansuchen hat ihnen daher der Gerichtsschreiber ohne Weiteres eine mit der Vollstreckungsklausel versehene Ausfertigung des Zwangsvergleiches zu ertheilen, welche zusammen mit dem beglaubigten Auszug aus der Tabelle zur Betreibung der Zwangsvollstreckung erforderlich ist.[1] Dies ist das einzige Recht, welches dem Gläubiger zusteht; er kann jedoch nicht aus dem Grunde, weil der Zwangsvergleich nicht erfüllt worden ist, auf Aufhebung desselben klagen.[2]

Wieder aufgehoben werden kann jedoch der Zwangsvergleich dann, wenn nachträglich noch eine rechtskräftige Verurtheilung des Gemeinschuldners wegen betrügerischen Bankerotts erfolgt. In diesem Falle muß das Gericht, wenn genügende Masse vorhanden ist, das Konkursverfahren auf

[1] KO. 179.

[2] KO. 181.

Antrag eines Konkursgläubigers wieder aufnehmen. Die Wiederaufnahme ist alsdann vom Gerichtsschreiber im Amtsblatt wie im Reichsanzeiger bekannt zu machen, auch den Firmenbehörden und der Dienstbehörde des Gemeinschuldners mitzutheilen. An dem neuen Verfahren nehmen nicht nur die Gläubiger, mit welchen der Zwangsvergleich geschlossen worden ist, sondern auch die neuen Gläubiger des Gemeinschuldners Theil und wird alsdann das Konkursverfahren, soweit als nöthig, wiederholt; es ist also namentlich der offene Arrest auf's Neue zu erlassen und bekannt zu machen (zugleich mit der Bekanntmachung der Wiederaufnahme des Verfahrens), wie auch auf's Neue alle Forderungen, sowohl die schon früher festgestellten, wie neue mit demjenigen Betrage anzumelden sind, welcher inzwischen noch nicht durch Zahlung getilgt worden ist.[1]

Ist der Zwangsvergleich erwiesenermaßen durch Betrug zu Stande gebracht worden, so führt dies zwar nicht zu einer Wiederaufnahme des Verfahrens, wohl aber giebt es jedem Gläubiger das Recht, den vertragsmäßigen Erlaß seiner Forderung anzufechten, unbeschadet der ihm durch den Vergleich gewährten Rechte.[2] Dieses Anfechtungsrecht ist jedoch nicht beim Konkursgericht, sondern im ordentlichen Proceßverfahren bei dem zuständigen Gerichte geltend zu machen.

---

[1] KO. 183—187.

[2] KO. 182.

VI. Einstellung des Verfahrens.

Außer der Beendigung des Konkursverfahrens durch das Vertheilungsverfahren und den Zwangsvergleich giebt es noch eine dritte Art der Erledigung desselben: die Einstellung des Verfahrens.

a. Einzustellen ist das Konkursverfahren jederzeit dann, wenn sich ergiebt, daß eine den Kosten des Konkursverfahrens entsprechende Konkursmasse nicht vorhanden ist.[1] (vergl. oben S. 99.)

b. Einzustellen aber ist das Konkursverfahren auf Antrag des Gemeinschuldners auch dann, wenn dieser entweder vor oder nach der Anmeldefrist die Zustimmung seiner Gläubiger hierzu beibringt. Stellt er den Antrag nach Ablauf der Anmeldefrist, so ist die Zustimmung aller Gläubiger erforderlich, welche Forderungen angemeldet haben. Stellt er den Antrag noch vor Ablauf der Anmeldefrist, so hat das Gericht nur darauf zu achten, daß der Gemeinschuldner die Zustimmung aller derjenigen Gläubiger beibringt, welche dem Gerichte bekannt geworden sind. In jedem Falle ist der Antrag öffentlich bekannt zu machen und auf der Gerichtsschreiberei zur Einsicht der Konkursgläubiger niederzulegen. Innerhalb einer Frist von acht Tagen nach der öffentlichen Bekanntmachung können die Konkursgläubiger Widerspruch gegen den Antrag erheben und zwar steht, wenn der Antrag bereits vor Ablauf der Anmeldefrist eingebracht worden ist, der Widerspruch jedem Gläubiger zu, welcher bis zum Ablauf der einwöchentlichen Frist eine Forderung angemeldet hat.

---

[1] KO. 190.

Beschließt das Gericht aus einem der beiden unter a. und b. genannten Gründe die Einstellung des Verfahrens, so hat der Gerichtsschreiber diesen Beschluß unter Angabe des Grundes der Einstellung im Amtsblatt wie im Reichsanzeiger öffentlich bekannt zu machen, auch den Firmenbehörden und der Dienstbehörde des Gemeinschuldners von demselben Kunde zu geben.[1]

Nach erfolgter Einstellung des Verfahrens erhält der Gemeinschuldner das Recht zurück, über die Konkursmasse frei zu verfügen; die Gläubiger aber können wiederum ihre Forderungen unbeschränkt gegen den Gemeinschuldner geltend machen.[2] Hat bereits ein Prüfungstermin stattgefunden, so giebt auch hier die Feststellung einer Konkursforderung in der Tabelle dem Gläubiger einen Titel zur Zwangsvollstreckung und kann er daher Zwecks Vollziehung der letzteren von dem Gerichtsschreiber die Ertheilung eines beglaubigten und mit der Vollstreckungsklausel versehenen Auszugs aus der Tabelle verlangen.

---

[1] KO. 188. 189. 191. | [2] KO. 192.

Register.

Druck von Kerskes & Hohmann, Berlin SW., Zimmerstraße 94.

ständige Darstellung desselben nach der Strafprozeßordnung für das Deutsche Reich und den ergänzenden Reichs-Gesetzen. Sie soll allen Denjenigen, welche sich mit den betreffenden Gesetzen bekannt zu machen haben, diese Aufgabe erleichtern. Um diesen Zweck zu erreichen, hat der Verfasser sich bei der Anordnung und Darstellung des Stoffes möglichst an die Gesetze selbst angeschlossen.

Zur Einführung

in die

Reichs-Gerichtsverfassung und den Reichs-Civilprozeß.

Fünf Vorträge

von

Dr. Hermann Fitting,

ordentlichem Professor der Rechte zu Halle.

Zweiter Abdruck.

8. Preis 2 Mark.

Der Verfasser hat diese Vorträge im März und April d. J. auf Veranlassung der Herzoglichen Regierung in Altenburg gehalten. Sie erscheinen im Drucke auf den Wunsch des dortigen Zuhörerkreises, welcher sie in dieser dauernden Gestalt zu besitzen wünschte. Diesen Wunsch glaubte der Verfasser um so mehr erfüllen zu müssen, als ihm von berufenster Seite die Ansicht ausgesprochen wurde, daß die Vorträge auch für die praktischen Juristen anderer deutscher, namentlich gemeinrechtlicher Gebiete zur leichteren Einführung in die neue Gerichtsverfassung und den neuen Civilprozeß von Nutzen sein werden.

In Format und Ausstattung schließt sich die Schrift dem Lehrbuch des Civilprozesses an und bildet so eine wichtige Ergänzung desselben.

FSC
www.fsc.org
MIX
Papier | Fördert gute Waldnutzung
FSC® C083411

Kolibri 360 GmbH
Ferdinand-Jühlke-Straße 7
99095 Erfurt, Deutschland
produktsicherheit@kolibri360.de